# EL SER GRANADINO

NICOLÁS MARÍA LÓPEZ CALERA

# EL SER GRANADINO

(Ensayo de una ontología débil)

GRANADA COMO PROBLEMA

Prólogo de Luis García Montero

Granada, 1998

Editorial Comares, S.L.
Polígono Juncaril, Condominio Recife
parcela 121, nave 11
Tlf.: (958) 46 53 82 • Fax: (958) 46 53 83
18210 Peligros (Granada)

ISBN: 84-8151-655-4 • Depósito legal: Gr.-501/1998

Fotocomposición, impresión y encuadernación: Comares, S.L.

A ANGEL GANIVET,
a quien tal vez la Granada abierta
que llevaba dentro no le toleró:
se suicidó.

A FEDERICO GARCÍA LORCA,
a quien la Granada cerrada que
llevaba fuera no le toleró:
le asesinaron.

# SUMARIO

# GRANADA COMO PROBLEMA

## I

Nicolás María López Calera ha escrito sobre «El ser granadino» con una suerte de impertinencia histórica, y un afortunado gesto de ética y oficio intelectual que le devuelve al presente, bajo inevitables matizaciones, el sentido y los contrasentidos de unas fechas, unas modas y hasta unas metáforas muy significativas en nuestra tradición. 1998 es el año de España, por argumentos que se amparan tanto en las conmemoraciones del pasado como en el orgulloso bienestar del presente. El centenario de la generación del 98 invita a regresar a un momento en el que España se convirtió en problema, y esto ocurre justo ahora, cuando los lemas oficiales y las costumbres de la gente afirman que el país va bien, que somos parte de una Europa tan feliz como el Imperio de Carlos V. Desalentados por una actuación directa en política claramente ineficaz, arruinadas la revolución del 68, la ilusión republicana y la mascarada de la Restauración, escritores como Unamuno y Ganivet apostaron por una lectura profunda de España, la convirtieron en problema, persiguieron una esencia y un espíritu capaz de soportar las soluciones. La psicología nacional, el espíritu de la tierra, el alma española, la intrahistoria, surgieron como conceptos para cimentar un país real, una esencia, matizada o no por la Historia, que pudiera oponerse al patriotismo antipatriótico de la España oficial. López Calera sigue el gesto, pero no el tema, ni las soluciones; asume un examen intelectual mucho más ambicioso que la simple demagogia política, anclada definitivamente en las superficies, para volver a desconfiar, para denunciar problemas, para defender actitudes que superen las simples coyunturas, pero no habla de España, porque decide limitarse a Granada, basarse en su propia experiencia. La ciudad en la que vive es su problema. Esta aparente humildad de fines tiene tal vez una razón metodológica en alguien que ha aprendido a dudar de los problemas totales y las soluciones totalitarias, de las esencias puras al margen de la historia personal. Pero si recordamos la facilidad con la que Ganivet saltó de las bellezas heridas de Granada a los debates sobre el porvenir de España, comprenderemos que los problemas se encadenan y que detrás de cualquier reflexión sobre un tema concreto se esconden las fronteras más anchas de la ética.

En un panorama de optimismo oficial, España y Granada van bien, este libro introduce una reflexión problemática. Y lo hace, además, en un momento en el que Granada ocupa como realidad un segundo plano en la imaginación colectiva de las clases medias granadinas. El proceso autonómico, con la ayuda inmensa de la televisión andaluza, ha fundado una provincia única, un modo específico de ser andaluz que se identifica con las tradiciones folklóricas más hedonistas y menos problemáticas, un territorio superficial que se viste con traje de gitana y hace palmas al ritmo de los tambores de una romería. La soñada vertebración de España, la fusión de la España real y la España oficial ha sucedido finalmente en un proceso de extrema vulgaridad. Si Miguel de Unamuno intentó con su intrahistoria salvar la intranscendencia espiritual de las clases medias, apoyándose en un concepto romántico del pueblo, ámbito de los sedimentos puros, el devenir de nuestra historia ha cancelado estos consuelos simbólicos para convertir a las tradiciones populares en el territorio privilegiado del consumismo. Es significativo que alguien se proponga escribir una ontología del ser granadino cuando el pensamiento oficial y las modas reales sólo hablan de una Andalucía única, definida por características que, si le hacemos caso a López Calera, son poco granadinas. Defender una ciudad con voluntad transcendente, con ambiciones intelectuales, desconfiada de las modas, es también un ejercicio de oposición al andalucismo único.

Resulta significativo, por otra parte, que este libro no lo escriba un joven, alguien con pretensiones de hombre nuevo, sino un profesor universitario maduro, con una dilatada experiencia en la vida, las bibliotecas y las imprentas. Las tareas de renovación, desde los días decimonónicos del krausismo, siempre le fueron encargadas en este país a la juventud, un concepto biológico que se cargó de responsabilidad y se encarnó en sucesivas generaciones. En torno al casticismo acababa con una llamada a la juventud, correlato de esos hombres nuevos, Unamuno y Ganivet, que poco después iban a asumir la esgrima intelectual que exigía El porvenir de España. La generación del 27 se concibió a sí misma como la España joven, la nueva fuerza biológica y bien educada capaz de modernizar a la nación en todos sus aspectos, desde la política a la ciencia, desde la historiografía a la literatura. La falta de modernización de España, ese retraso secular que la convertía en problema, proyectaba las soluciones en el deber ser de la juventud, en una mirada limpia y nueva capaz de leer el futuro. Todavía al final de los años cincuenta, cuando Aranguren escribe su estudio sobre la juventud europea, refugiada en la intimidad, poco propicia a las grandes ideas, condescendiente con los pactos que exige el mundo, necesita dejar fuera a los jóvenes españoles, marcados por las especiales circunstancias del país. Hoy los jóvenes españoles son europeos, su radiografía puede conectarse con la de cualquier alemán, inglés o francés. El pensamiento innovador ha roto los ámbitos de la juventud porque España ha dejado de ser el problema de la burguesía progresista. La preocupación del pensamiento crítico no es la carrera hacia la modernidad, sino la modernidad misma, las contradicciones propias del punto de llegada, de la meta en la que ya estamos instalados. Por eso el espectáculo de la movida juvenil, adscrita al mundo cíclico de las noches de los viernes y los sábados, desplaza sin problemas a la juventud como metáfora del porvenir, al futuro creativo. Este libro, que es una confesión y una apuesta ética, no lo ha escrito ningún joven, porque la idea impuesta de la juventud actual ha dejado de relacionarse con el mundo como problema, con España como problema, con Granada como problema. La melancolía y la prudencia que a veces se filtra en estas páginas no es tanto el resultado de un diálogo con la ciudad de la infancia, con los recuerdos personales, sino el tono inevitable del pensamiento, el nuevo teatro de los problemas, que ya no cuenta entre su público con los ojos colectivos e incondicionales de la juventud, sino con alguna conciencia solitaria, perpleja, preocupada, con ganas de reflexionar, que se mueve entre sus propios residuos y una apuesta difícil, una voluntad moral de optimismo. El optimismo de la crítica.

## II

El cinismo aparece siempre como un camino que asegura la brillantez, porque en el mundo espectacular de los fracasos y las realidades abrumadoras cualquier buena intención corre el riesgo de parecer ingenua. ¿Alguien que escribe puede aspirar a incidir en la realidad de Europa, España o Granada? ¿No conocemos ya los límites del ensayo y las nuevas fábricas que establecen casi de un modo inabarcable los códigos de la realidad? Nicolás María López Calera ha asumido, sin embargo, el papel de la conciencia solitaria, perpleja y crítica, entre otras cosas porque ese ha sido siempre su papel en la Universidad de Granada, el esfuerzo por delimitar un referente ético, al margen del pragmatismo devorador de los arribistas y de la alegría dogmática de los diversos tipos sacerdotales, portadores de la única verdad. Y ha escrito un libro optimista, porque la crítica no tiene sentido si no alberga el empeño de mejorar algo, de cambiar las cosas y otorgarle un hueco de ilusión al futuro. Del mismo modo que el granadinismo oficial desemboca casi siempre en un antigranadinismo efectivo, porque se limita a dejar en su sitio el panorama desalentador de la ciudad, el «antigranadinismo» de los críticos como López Calera se convierte en un acto de amor por Granada, un esfuerzo por hacer que los objetos se muevan y cambien de perspectiva. Por eso este libro se justifica en el esfuerzo necesario de un terremoto ontológico. Es una provocación que espera respuesta.

Las reflexiones sobre el ser granadino se mezclan aquí inevitablemente con la biografía intelectual de su autor. Nicolás María López Calera no cree en la ontología dura, en el intento de fijar una esencia inmutable, natural, al margen del tiempo y de la Historia, que defina el ser de una ciudad. En este viaje indagatorio y optimista no contamos con el espíritu de la tierra de Ganivet, ni con ningún consuelo propio del universalismo metafísico. Granada no existe como verdad natural o sobrenatural, su manera de ser pertenece al tiempo, se ha hecho, ha crecido a causa de una experiencia histórica determinada. Discutimos, por tanto, de prácticas sociales. Pero, en el otro extremo, tampoco podemos admitir una explicación sociológica y determinista que suprima la libertad del individuo a la hora de escoger la horma de sus zapatos y las huellas que intenta dejar en la calle, en el barro de la ciudad. Cualquier determinismo haría imposible este libro y su ilusión de pensamiento crítico. El autor asume un ámbito ético, un reino solitario que puede ser de este mundo, porque necesita salvar la libertad, tanto en el origen de su postura como en sus intenciones: «Me gustaría no engañar a nadie... Esta ontología es ideología, en suma, porque es simplemente un conjunto de ideas que, a partir de unas experiencias personales, está interesada en desvelar las miserias de una historia, de una praxis individual y colectiva, en desvelar una positividad escondida y dominada».

El famoso carácter granadino, cerrado, antipático, desconfiado ante las innovaciones, es la consecuencia de una oligarquía dominante que ha conseguido convertir en tesis general sus personales intereses de vida. El pensamiento negativo, el desprecio, el chiste rápido que pretende dejar en ridículo las ilusiones de cualquiera, se lleva bien con un grupo de familias adineradas, poco emprendedoras, que han hecho del ahorro su moral de vida, al margen de cualquier riesgo y de las necesidades de cambio que exigen las esperanzas colectivas. La brillantez desautorizadora, la desgracia perpetua, el miedo que se enmascara en desprecio, no tienen otra consecuencia que el deseo pegajoso de dejar las cosas como están, porque hay excesos de inteligencia que sólo encuentran sentido en la parálisis.

Cuando establece las peculiaridades de su carácter, López Calera propone siempre una doble lectura de la ciudad, representada en el suicidio de Ganivet y en la ejecución de García Lorca. Vivimos en una ciudad poco superficial, con voluntad de transcendencia, que gusta de interpretar la realidad para buscar una justificación seria a la existencia. El rigor la hace poco espontánea, minuciosa, interesada por los detalles pequeños. «Pequeño poema infinito» se titula un poema de García Lorca, en el que persigue un pensamiento crítico, negativo y personal, en busca de una iluminación universal, hasta el punto de unir lo pequeño con lo inacabado del infinito. La inteligencia y la seriedad son buenas costumbres granadinas en una época de superficialidades andalucistas, pero el problema es que con mucha frecuencia pierden su intención de infinito, se imponen como una coartada de la quietud, como un argumento para el descrédito de la Historia. Nadie nos va a engañar, éste es un ingenuo, qué se habrá creído aquél, frases que invitan a tratar con muy poca generosidad al pensamiento ajeno y a desconfiar por sistema de las vueltas del progreso.

Los símbolos que propone este libro como síntesis del carácter granadino permiten así una doble lectura. El ciprés invita a la transcendencia, a la búsqueda de una mirada capaz de levantarse por encima de las tapias y los jardines secretos. Pero es también el recuerdo de la muerte, el hachazo verde de los cementerios, la inutilidad de cualquier itinerario ante el final anunciado de todas las vidas y todos los proyectos. El agua se mueve, fluye como el tiempo, puede correr como los ríos de montaña o abrirse a la inmensidad del mar, pero puede también refugiarse en la melancolía muda de los estanques o en la oscuridad de los pozos. La distancia hace posible la curiosidad y el viaje, pero al mismo tiempo convierte el horizonte en un peligro y los caminos en un riesgo innecesario. El carácter granadino oficial sustituye el humor por la «malafollá» y la inteligencia por el desprecio a todo lo ajeno, y esto ocurre sí porque la esencia, la «verdadera» Granada, se ha definido a partir de la lectura negativa y paralizadora de una oligarquía que defiende la quietud: «Es una oligarquía que frena, margina, anatematiza, y a veces incluso hasta consiente a sus hijos pródigos que le han salido simpáticos o progresistas. En cualquier caso es una oligarquía que marca fundamentalmente las rutas de la historia granadina».

Como el libro que el lector tiene en sus manos está escrito por uno de los hijos pródigos de la ciudad, poco dispuesto a refugiarse finalmente en los muros sagrados, los procedimientos de su análisis no aceptan la esencia de una Granada única, buena, inmutable. Esta ontología débil, pero dialéctica y progresiva, busca otra ciudad, intenta darle la vuelta a las metáforas, cambiar su sentido con el pensamiento del mismo modo que se abre una puerta con las manos. Nadie tiene derecho a decir «los granadinos somos así», sin prestarse después a una discusión y a un examen de conciencia. López Calera le discute el patrimonio de los símbolos a una Granada específica que durante siglos se ha encerrado en su orgullo, una alcurnia interesada y particular, que se vuelve sentimiento, se presenta como manera natural de respirar para sugerir con una sonrisa satisfecha: «los granadinos somos así».

## III

Mi experiencia de Granada se reconoce en el diagnóstico de Nicolás. No existen dos ciudades, pero sí una ciudad que se da con frecuencia la vuelta y deja de ser un estímulo para convertirse en una máscara hostil y paralizadora. Recuerdo una Granada viva, inquieta, multiforme, llena de incitaciones, rica de cultura, un ámbito de curiosidad, de apuestas, que obliga a tomarse las cosas en serio, a buscar el rigor, a perderse en los libros, en los viajes, en el optimismo. Pero también conozco la Granada difícil, la que utiliza palabras como cuchillos y golpes de humor como un arte acabado de autodefensa y desprecio.

Granada es un buen lugar para formarse, para tener los oídos y los ojos abiertos. Pero resulta luego un lugar peligroso para levantar la cabeza o para arriesgarse a disfrutar de cierta fortuna, de un gramo propio de felicidad. En pocos sitios hay que pedir tantas veces perdón por una larga lista de pecados imaginarios, porque el éxito personal tiende a vivirse como una ofensa colectiva. Parece que uno está traicionando a alguien o a algo cada vez que consigue publicar un libro o concluir una tarea cualquiera.

Hay dos tipos de antiguo amigo implacable. Primero está el genio perfeccionista, el sabio tan profundo y tan ilimitado que no puede dar un paso en el camino de las tareas reales sin autodestruirse. La plenitud le pesa tanto en la cabeza que cualquier resultado se presenta como vulgar, ingenuo, fallido, limitado, innecesario. Granada está llena de poetas que no escriben poemas, de pintores que no pintan cuadros, de filósofos que no publican ensayos, de empresarios que no hacen negocios y se limitan a vivir de las rentas. El que se atreve a ejercer de poeta, pintor, filósofo o empresario está condenado de antemano, porque su obra sólo puede concebirse como una negociación con lo imperfecto, el fruto de la vulgaridad, el oficio ingenuo o la limitación.

Mucho peor resulta el panorama cuando dentro o fuera de la ciudad se intuye una mínima probabilidad de éxito. Entonces aparece el antiguo amigo rencoroso, aquel que entiende su fracaso como el saldo final de la pureza. El éxito ajeno recuerda la incomodidad propia, el libro que no llegó a funcionar, el cuadro sin admiradores, las obras sin reconocimiento. Así cualquier individuo con suerte, vamos a hablar ahora simplemente de suerte, se convierte en un sospechoso, en un traidor, en alguien que debe pedir perdón. Él sabrá qué extrañas artes ha utilizado para lograr el triunfo que se les niega a los verdaderos genios de la ciudad.

¿Esto ocurre solamente en Granada? Seguramente no, pero las especiales características de su historia ayudan a elevar la temperatura muchos grados por encima de las envidias normales. Una ciudad pequeña, de gran tradición y pocas expectativas, suele levantar esperanzas condenadas después al fracaso. El desprecio actúa así como un mecanismo de autodefensa. La Universidad de Granada ha jugado un papel fundamental, ha movido a la ciudad, ha generado multitud de promesas y de futuros luminosos. Pero en una sociedad en perpetua decadencia, cada vez más radical, no hay soporte para tantas ilusiones, el paraíso es una habitación digna, pero de pocos metros cuadrados. La actividad de los demás siempre surge como un riesgo.

Llama la atención el gusto con el que los granadinos se complacen en el autodiagnóstico: es que somos así. Ninguna ciudad se autodefine con tanta complacencia, dispuesta a disfrutar de su complicada manera de ser. Y, claro está, el «somos así» generaliza siempre un rencor o una comodidad particular, que reside en algunos nombres y apellidos concretos. Fulanito de tal es así, Granada no, aunque su historia ayude a crear muchos fulanitos implacables. Hay un rentismo intelectual amarillo, basado también en la moral del ahorro, un «que nadie haga nada sin hacer el ridículo o convertirse en criminal», que congenia con la oligarquía poco emprendedora, con el dinero que se guarda en el banco y que aspira, todo lo más, a vivir de la especulación con el cuerpo de siempre, con la piel de la ciudad.

Tiendo a pensar en la famosa «malafollá» granadina como una máscara, como el encubrimiento interesado de una inexistencia. Del mismo modo que el protagonista de Crimen y castigo utiliza la culpa para seguir sintiéndose importante, para ocultar su vacío, el «somos así» de los granadinos actúa como una estrategia de distracción, como la última coartada para encubrir la inexistencia, la decrepitud, la pérdida absoluta de protagonismo en el panorama nacional.

Apostar por Granada significa precisamente ponerla en duda, ayudar a crearla, acabar con la oligarquía negativa, con la fauna del rencor y del fracaso, con la legitimidad de unas esencias buenas y verdaderamente granadinas. A este fin se dirige el libro de Nicolás María López Calera, y yo me solidarizo con él, porque Granada, para los granadinos, más que un marco incomparable, debe ser hoy un problema, algo sobre lo que discutir, una tarea. No hay más cera que la que arde.

Luis García Montero

No todos los granadinos, por supuesto, son como aquí se relata, aunque algunos podrían serlo. El retrato ontológico que a continuación se expone refiere las señas de identidad del ser oligarca de Granada. Si algún granadino no perteneciente a esa oligarquía se ve afectado por alguna de las negatividades que se le atribuye al ser granadino, ello será debido seguramente a la fuerza de dominación de ese ser oligarca, o bien a un mimetismo inducido, o bien a la simple debilidad humana. Todo lo positivo que aquí se predica de los granadinos debe ser considerado como un manantial que fertilizará esta tierra para hacerla en el futuro distinta y mejor que hoy, todavía secuestrada por una minoría conservadora, intolerante y feudal, esto es, secuestrada por el ser oligarca.

Primera parte

# CONFESIONES METODOLÓGICAS

## 1. Primera página: la confesión

Los textos se emancipan de su autor y caminan solos. Luego, los lectores los manipulan y los interpretan. Al final hay una gran distancia, un abismo, entre lo que el autor quiso decir y lo que los lectores comprendieron. Por todo ello quisiera confesar lo que el texto que sigue pretende ser (no es que lo sea) para su autor.

Confieso:

Que no pretendo dar un concepto universal del ser granadino. Por los argumentos que expondré más adelante no creo que haya unas "esencias granadinas" de las que participarían determinados sujetos que se llamarían por eso "granadinos". El ser granadino no existe, pero funciona como si existiera.

Confieso:

Que identifico inicialmente al ser granadino con unas prácticas sociales, que por repetitivas en el ayer y en el hoy permiten hablar, a mi modesto entender, de una forma de ser de los granadinos. Estas prácticas pueden ser positivas o negativas, generales o particulares. De ahí la ambigüedad del ser granadino o la dificultad de una definición definitiva. Sin embargo, la forma de ser que queda como determinante negativo de los granadinos es la que se corresponde con la propia de una minoría que se impone a una mayoría que, por contagio, por minoría de edad o por desidia, deja que la representen injustamente.

Confieso:

Que estas páginas intentan ser una pintura de una realidad que tal vez no exista. Tal vez sean tan sólo un retrato muy personal de Granada. Quede constancia de que no pretendo darle validez universal y menos científica. Si para muchos acierto y el retrato "retrata" una realidad, me sentiré feliz de haber hecho de espejo de unas gentes, de una ciudad que necesitan ser transformadas. Si para muchos tal retrato no coincide con la realidad, no me sentiré frustrado. Hice lo que creí que debía hacer: pensar en voz alta sobre Granada para que Granada piense sobre sí misma y que cambie.

Y confieso también:

Que este texto es un juego literario y filosófico. Por una parte, es un texto creativo, recreativo y simbólico. Va más allá, pues, de la realidad. Crea símbolos e imaginarios que en alguna medida permiten entender lo que pasó y lo que pasa. Es un texto que sobre todo trata de imaginar un día con una Granada distinta por mejor en muchos sentidos.

Y es sobre todo un juego filosófico, porque quiere ir más allá de las apariencias, de lo inmediato, de la anécdota, de lo que ha sucedido y sucede dentro de las murallas de esta ciudad. Para ello utiliza unas experiencias, unos conocimientos personales, para trascenderlos a la búsqueda de pensamientos universalizables que no universales, esto es, pensamientos compartibles.

Confieso:

Que pensar sobre el ser granadino me ha permitido sobre todo pensar sobre la vida y la muerte, sobre muchas cosas maravillosas y otras, quizás menos maravillosas, difícilmente comprensibles que los humanos llevamos dentro.

Que el ser granadino me ha provocado pensamientos muy diversos, pero sobre todo necesidad de profundizar en los misterios del ser humano. Desde la imaginación y la recreación, desde la trascendencia de lo inmediato he hecho un poco de crítica y un poco de utopía con el propósito de que las cosas en Granada sean distintas.

Y confieso finalmente:

Que amo a Granada. De mi amor a una tierra y unas gentes nace este texto intencionadamente provocador, porque lo que sigue es una provocación ética y política, un texto interesadamente exagerado. Pero esa provocación no es caprichosa. Nace como respuesta indignada ante una situación social centenaria que debe cambiar. No puedo, no quiero, no debo ser indiferente ante una Granada que sufre la renta "per capita" más baja de España y que todavía anida, escondidos o manifiestos, focos de un espíritu poco amigo de la tolerancia, de las libertades y del progreso.

## 2. Entre los negocios del yo y una supuesta maldición ontológica

Dicho esto, yo mismo me he preguntado a qué viene esta necesidad personal de escribir sobre el ser granadino. Sobre la necesidad personal sobran quizás las explicaciones. Pero una elemental cortesía me obliga a declarar que siento la necesidad de ordenar mis ideas y mis sentimientos sobre mí mismo, sobre las gentes que me rodean, sobre gentes que me precedieron y sobre gentes que me van a seguir. De todos modos y sobre todo ante el tribunal de mi conciencia declaro que necesito soñar con otra Granada y con otros granadinos.

Pero ¿qué es o qué significa más concretamente esa necesidad personal?

Realmente no lo sé, o no lo sé exactamente. En principio, siento la sensación de que algo está mal hecho o mal construido en las gentes que han vivido o viven en esta ciudad. Me parece como si hubiera una especie de maldición ontológica, que lleva a un cierto caos social: cosas, comportamientos, actitudes, principios, ideas y usos rematadamente funestos que se repiten y dominan desde decenios y casi siglos a las gentes de esta ciudad. La maldición ontológica es algo así como si el ser de los granadinos estuviera condenado a estar mal hecho para siempre. Esa supuesta maldición ontológica parece haber condenado o encadenado a esta ciudad a la impotencia de no progresar al ritmo debido, de ir siempre a la cola del bienestar material y moral.

Las cosas en esta ciudad no han ido como debieran haber ido ni en el pasado ni el presente, ni hay indicios de que vayan a ir mucho mejor en el futuro. La maldición parece estar ahí, pues la historia o los hechos son muy tozudos. La negatividad recorre las calles y callejas de esta ciudad y se convierte paradójicamente en una provocación para pensar. La maldición me interpela y de alguna manera me obliga a pensar, a comprender qué somos, cómo somos, quiénes somos los granadinos.

Pero ¿tiene sentido hablar del ser granadino e incluso de una cierta maldición ontológica?, ¿qué es el ser de algo o de alguien?, ¿es posible hablar del ser como culpable de males históricos, de males sociales? No lo sé, pero necesito aclararme. Necesito ordenar mis pensamientos, mis conceptos, mis categorías sociales, mis experiencias como individuo y como ciudadano en torno a una ciudad bella y misteriosa.

Pero tengan la seguridad, queridos lectores, de que esta necesidad no tiene el rostro bobo de un marxismo trasnochado que vuelve a reivindicar la lucha de clases, ni es el resultado de un masoquismo estéril. No están tampoco ante una simple necesidad personal, intelectual y vacía, sino ante unos pensamientos motivados desde una ética que pretende ser liberadora y que quiere fraguarse en un texto provocador para que esta ciudad sea mejor. Responde ante todo a unas convicciones éticas personales, a una ética social arraigada en este escribiente desde hace ya demasiados años y que no me deja ser indiferente ante una vida colectiva que necesita subir mucho en sus niveles de igualdad, libertad, justicia, de tolerancia. Si quieren, están en presencia, a la postre, de una rabieta ética, de un desahogo ético.

Pero no puedo dejar de insistir y de destacar lo que es el sentido más profundo de este texto. Este texto es fundamentalmente una provocación política que no está exenta de cierto rigor filosófico, para acabar con la Granada reaccionaria y conservadora, que quedará siempre simbolizada, que no identificada, en el asesinato de Federico García Lorca. Es un pre-texto, pobre e ingenuo, para remover la historia, el presente y anticipar un futuro en el que puedan nacer jazmines para todos.

No soy tonto y me doy perfecta cuenta de que un texto de esta índole tal vez contiene tales condicionamientos personales que tal vez no merezca la pena ser publicado. Este texto puede entenderse simple o solamente como el fruto de un inconsciente narcisista o catártico. Tal vez cuando pienso o escribo sobre el "ser granadino", no hago otra cosa que escribir algo de mí mismo, sobre los míos, sobre los que me rodean. Seguramente es así, aunque no creo por otra parte que sea sólo eso lo que significa este texto. Este texto es demasiado duro para ser personal. Tengo la convicción de que este texto me trasciende. Porque todo este protagonismo narrativo, personal y circunstanciado, si existiere, estaría envuelto —creo— en argumentos ferozmente autodestructores o suicidas, argumentos o motivos que no encajan con mi autoestima y menos aun con mi visión del mundo y de la vida

Sea lo que sea este texto mantiene la esperanza: estoy convencido de que esta ciudad o sus gentes tienen calidades y cualidades capaces de augurar un futuro espléndido.

## 3. ¿Por qué una ontología del ser granadino? La rareza ontológica como pretexto

El problema de fondo de estas reflexiones es si se puede hablar del ser granadino. En principio, se puede constatar que hay una especie de subconsciente colectivo que se manifiesta con expresiones cargadas de sentido, un sentido seguramente no metafísico, expresiones que constituyen toda una experiencia social. Expresiones como ésta, "es que los granadinos somos así", obligan a pensar qué ha pasado y qué pasa en Granada. Y la cosa llega a más cuando, para descalificar a alguien por lo mal hecho o dicho, se le dice: "pareces un granadino". Algo se dice, o algo se hace así, en razón de "ser granadino".

Parece que el "ser granadino" condiciona, aunque no exista o aunque nadie sepa exactamente qué es. Tal vez sea un fantasma. O tal vez sea, más seguramente, una ideología, que permanece o se encarna en personas concretas y que no deja que una sociedad bastante degradada y sobre todo injusta se libere y progrese.

En cualquier caso la categoría "ser granadino" constituye un componente, por ahora inevitable, para la comprensión de la misma historia de Granada.

Lo que pasa es que a la hora de determinar qué es eso del "ser granadino" las cosas se complican. Cada granadino tiene seguramente en su bolsillo un tratado sobre las "esencias granadinas". No voy a definir ahora qué es el "ser granadino". A ello dedico bastantes páginas en lo que sigue. En todo caso debo aclarar que el ser, como los fantasmas, escapa a las definiciones precisas. La diversidad y las contradicciones reinan de manera incuestionable en el terreno de la ontología.

En cualquier caso, hay una cosa rotundamente clara, una tesis que debe anticiparse: el ser granadino es un ser muy especial, es un ser raro. Por lo menos los granadinos, o algunos granadinos, tienen ese complejo. Y desde luego la rareza ontológica del granadino suele ser fácilmente captada por los ojos foráneos.

Quizás suceda con todos los humanos lo

mismo. Quizás todas las ciudades o todos los pueblos tienen sus "rarezas". Seguramente que lo que son los granadinos se podría predicar también de los originarios o habitantes de otras ciudades. Esto es, cuando se hace un relato de las "esencias granadinas", tampoco se descubren defectos o virtudes que no estén o que no puedan estar en otros colectivos no granadinos. Esto me parece claro.

Sin embargo, hay un detalle significativo al fin y a la postre. Creo que no todas las ciudades reflexionan ni se autodiagnostican sobre su especial modo de ser. Porque obviamente todo individuo "es de" o "ha nacido en", pero ese dato biográfico no suele dar lugar a tantos comentarios o tanta literatura oculta o manifiesta como el "ser granadino". Los pueblos o las naciones —dicen— tienen su "ser", su personalidad y desde luego el ser de las naciones o de los pueblos ha dado lugar a tratados de toda clase. Pero el "ser local" en general no suele desencadenar tantas trifulcas ideológicas como el ser granadino, pero hay ciudades especiales con gentes raras.

Granada es una de ellas. No se ha hablado o escrito sobre la forma de "ser conquense", sobre el "ser de Cuenca". Como también, dentro de la misma Granada (provincia) se habla de las gentes (¿raras o especiales?) de Motril o de Maracena, y no se habla de las gentes de Alhama o de Guadix. La antropología trata casi siempre de seres raros, problemáticos.

No trato de comparar, sino simplemente afirmo que el ser granadino da mucho de sí. En consecuencia, reivindico la rareza ontológica del ser granadino como experiencia social y consecuentemente como pretexto para el montaje de una ontología débil, esto es, una ontología que no cree en el ser como universal.

## 4. ¿Es posible una ontología en general como ciencia y una ontogía del ser granadino en particular?

Como soy profesional de eso que se llama filosofía, debo insistir aunque sea brevemente en la cuestión metodológica. ¿Cómo justificar una ontología del ser granadino? Cuando ese ser me interpela, provocándome que desvele sus misterios, lo que hacía sobre todo es plantearme un reto metodológico, una especie de reto kantiano o ilustrado, un sapere aude, un "atrévete a saber". Esto es: atrévete a justificar una metodología que sea capaz de explicar qué es, cómo es y por qué es así el ser granadino.

Quizás lo que habría que explicar y justificar es por qué se habla de ontología para hablar de una ciudad y de sus gentes y particularmente por qué se habla de una ontología débil.

Justificar una ontología del ser granadino constituye sin duda una tarea dura, aunque no imposible, pero sobre todo una tarea llena de dudas metodológicas y de perplejidades teóricas.

Justificar una ontología débil del ser granadino es, pues, una tarea muy dura, por no decir imposible. A veces pienso, conforme avanzo en contar lo que creo que debo contar, que muchas cosas de las que quiero decir sobre los granadinos se dirían más fácilmente si hubiera eliminado el término "ontología" de este discurso, es decir, si hubiera evitado hacer una ontología, aunque débil, del ser granadino.

Reconozco que este inadecuado o incorrecto planteamiento metodológico se explica a partir de una cierta deformación profesional del autor. Pero también debo decir, para justificarme en mi "obsesión ontológica", que considero especialmente trascedentales y profundos los problemas que quiero plantear. Hablo de unas gentes dominadas por una ideología premoderna o feudal, de unas gentes que sufren el último lugar en la renta "per capita" de este país. Además debo decir que el arraigo de las posibles causas de estos males, esto es, la profundidad de sus raíces y la permanencia de sus efectos perversos, me obligan –creo– a ir más allá de una perspectiva descriptiva, histórica o sociológica, me obligan a trascender las apariencias de la realidad granadina, lo "fenoménico" (en sentido kantiano) y a evitar la anécdota o la caricatura de lo que viene pasando en Granada durante ya demasiado tiempo. Tanto arraigo, tanta permanencia y tan profundidad de los males sociales de Granada justifican de alguna manera que le haya dado cierta solemnidad filosófica a mis argumentos, a este texto.

Esta preocupación metodológica se me hace especialmente dificultosa, dado que mi ateísmo metafísico me impede lanzarme alegremente por las aguas de la ontología. Y no es que no crea en términos absolutos en la metafísica como posibilidad cognoscitiva. En lo que no creo, como confeso kantiano, es en la metafísica como ciencia. No soy un universalista metafísico aritotélico-tomista, aunque lo fui. No creo en las esencias. Si conociéramos las "esencias", conoceríamos también la esencia humana, nos pondríamos de acuerdo en qué es lo propio de todos los humanos y no ahorraríamos entonces muchos debates doctrinales y hasta esas guerras que se hacen por defender las esencias o, en términos políticos, por defender los derechos fundamentales (esenciales) de los individuos o los pueblos. Conocer las "esencias" llevaría a una especie de "paz ontológica", que serviría de base para toda clase de paz. Pero la verdad es que no creo en tan pretenciosa posibilidad cognoscitiva.

Si el problema de fondo de esta ontología débil es precisamente si puede justificarse la existencia del "ser granadino", quizás, puestos a ponerse muy serios, lo que debería plantearse es si es posible una ontología en general como ciencia, sobre todo a estas alturas de una historia tan fuertemente heredera de las críticas kantianas.

Ante este reto me declaro kantiano y afirmo de la mano del maestro de Könisberg que no es posible la ontología como ciencia. No pretendo, pues, definir o fundamentar un ser granadino universal en el espacio y el tiempo, del que todos los granadinos participarían en mayor o menor medida. Tamaña soberbia cognoscitiva sólo puede tener lugar en la mente de un escolástico medieval.

Desde esta metafísica descreída o con mala conciencia, quisiera comprender el ser de las gentes que nacieron y/o vivieron en Granada. Entiendo que es postmodernamente incorrecta la pretensión de determinar lo granadino como un universal en el espacio y en el tiempo, esto es, como un conjunto de cualidades, habilidades, defectos, formas de actuar, de pensar, de sentir, de hablar, que trascienden los tiempos y se encarnan en individuos concretos. No es posible un "retrato ontológico" del ayer, del hoy y del mañana. El ser granadino como una sustancia universal no existe. Tal supuesto metafísico va contra la lógica implacable de la crítica kantiana y del positivismo cientificista que declararon la muerte de una ontología universalista.

Además en una época postmoderna no es filosóficamente correcto hablar del ser o no hay que llevar las cosas tan lejos, aunque estoy de acuerdo con el último Gianni Vattimo en que todavía es posible, después de Nietzsche y de Heidegger, construir al menos una "ontología débil" que se conecte con un "pensamiento débil" que es, en la más actualizada versión de Vattimo, un pensamiento consciente de sus límites y que abandona las pretensiones de las grandes visiones metafísicas totalizantes.

Aunque no participo de su afecto al nihilismo como punto de llegada de la modernidad, comparto su tesis de que se ha consumado el final de la creencia en el ser trascendental como dato objetivo, es decir, ha llegado el final de una metafísica fuerte que intentó aprehender un "solo objeto" y elevarlo a la categoría de verdad absoluta. Una ontología así se hace dogmática y constituye un saber poco humano en última instancia.

Mi teoría del ser granadino está, pues, de la parte de Heráclito. En mi opinión, el ser granadino no se dio una vez y para siempre. Yo creo que el ser granadino no es una sustancia eterna que transcurre por las alcantarillas de los tiempos o por los tapados recodos de un río como el Darro para aparecer y reaparecer siendo siempre el mismo. El "todo fluye" heracliteano hay que aplicarlo al ser granadino. Aunque el Darro siempre será el Darro, sus aguas no son siempre las mismas. Las aguas cambian, las aguas se agotan. Todo fluye y todo puede ser alguna vez distinto. Nadie puede bañarse dos veces en el mismo río.

En medio de esta falta de fe metafísica, al

menos fe en la metafísica como ciencia, me lanzo a la aventura de construir una ontología débil. Para justificarla debo recordar de nuevo a Heidegger y retomar el desconsuelo heideggeriano de que todo ser es tiempo que se diluye, un estar-ahí indeterminable en términos absolutos.

Pero si el ser no puede entenderse sin el tiempo y las circunstancias, también puede ser cierto que detrás del tiempo y de las circunstancias hay un ser que no es inmutable pero que, desde luego no se deshace tan explosivamente como los segundos y las circunstancias. Siempre queda algo tras el paso del tiempo, y precisamente por ello podemos hablar de la existencia como el Da-Sein. El "ahí" (Da) no puede entenderse tampoco sin el "estar" o el "ser" (Sein), sin referencia a algún modo permanente, no eterno, de entidad o de realidad. Tras el paso del tiempo siempre queda algo que conecta con el presente, y precisamente por ello podemos entender el pasado o tener una memoria histórica que sirve para algo, para comprender e incluso transformar el presente.

Solamente desde una ontología débil, que no cree en el ser uno e inmutable, pero que constata que un cordón umbilical ontológico (ahora sí de permanencia, aunque no de eternidad) liga a individuos y a colectivos a través de la historia y les permite identificarse para su contento o para su melancolía, se podría hablar con sentido del "ser granadino". No obstante, ese cordón umbilical ontológico, como elemento real justificado por una débil ontología, o una ontología débil, puede incluso transformarse y devenir otro, porque el ser no es uno ni inmutable. Somos por lo que hemos sido y por lo que otros fueron, pero no siempre somos y seremos así y para la eternidad.

Así pues, aunque no es posible construir una estricta ontología de lo granadino, hay que tener cuidado con esa falta de fe ontológica. No podemos ignorar, queramos o no queramos, que desde hace demasiados años se sigue hablando del "ser granadino" y algo tiene que haber de "permanente" en la realidad. De todos modos, siempre quedaría la palabra como forma de la realidad. No podemos desdeñar ese trozo de la realidad que es el lenguaje. Hablar es una forma ya de existir. Lo hablado no es puro sonido, sino realidad que duele, que consuela o que se recuerda. El lenguaje "ontologiza" a veces realidades que son pura imaginación o fantasía y esas palabras que expresan solamente lo imaginado pueden "funcionar" como realidades permanentes que no lo son, pero que se hacen presentes como lenguaje. El lenguaje tiene así funciones casi divinas por creadoras.

El lenguaje se hace ser, entidad lógica que desde luego se puede instrumentar contra algo y contra alguien, a favor de algo o de alguien. El ser nace así de la palabra y se hace ideología por la palabra. Seguramente el ser granadino no existe sino como palabra, pero una palabra que sirve para justificar una praxis social, o para denostar lo que se hace y se piensa en Granada. El ser granadino no existe, pero como lenguaje o palabra toma una especie de consistencia ontológica y resiste al paso de los tiempos.

Por este argumento se puede concluir que una de las tesis centrales que va a circular por este texto es que el ser granadino no existe, pero funciona como si existiera. Luego se explicará más despacio que significa esta tesis.

No obstante, esta explicación lógica del ser granadino está inevitablemente conectada con una explicación sociológica. Desde la perspectiva sociológica se descubre de manera más cruda lo que significa el ser granadino: la permanencia y la hegemonía de unos determinados poderes y sectores de clase en los ámbitos de la cultura, de la economía y de la política. El ser granadino se expresa preferentemente como la ideología permanente de una élite dominante, que impone desde su prepotencia cultural y económica una visión del mundo, unos modos de pensar y de hacer, unos principios y unos valores.

Con la argumentación de la lógica y de la sociología quiero indicar que no me estoy inventando una problemática. A Granada se la ha visto y se la ve en la experiencia histórica y en sus prácticas sociales como una realidad que trasciende los tiempos. Se habla de principios y prácticas constantes en la vida ordinaria de unas gentes.

En este sentido hay fundamentos históricos para hablar con algún sentido (desde luego no universalista) de una ontología del ser granadino. El ser granadino sería, en este sentido, el resumen de los tópicos teóricos (de ideas y pensamientos) y de los tópicos prácticos (de pautas morales y comportamientos) que en un momento determinado se elaboran (nadie sabe por quién), que se encuentran en una experiencia social común y que tienen sin duda una funcionalidad descriptiva y prescriptiva. El "ser granadino" sería también como una especie de imaginario común a una gran mayoría de granadinos sin distinción de raza, sexo, religión o ideología y que tiene funciones descriptivas y prescriptivas.

En cualquier caso quiero oponerme a que siga y prosiga un juego político deleznable que se repite en Granada desde tiempo inmemorial. Y es que en Granada pasa lo que pasa y las cosas van como van, y van mal, sobre todo en el terreno de la política, de la economía y de la cultura, porque (se dice, y ésta es una respuesta "ontológica" perversa) "los granadinos somos así", lo cual se entiende a veces como una especie de maldición ontológica que recorre los cielos históricos de Granada y hace caer sobre unas gentes buenas, sobre una tierra noble en frutos y sobre un paisaje casi divino una lluvia ácida y destructora.

A pesar de todos esos pesares metodológicos, voy a intentar hacer una foto fija, y por ello muy discutible, de ese fantasma ontológico que es el ser granadino, un ser que deambula por cenáculos, periódicos, tertulias, cenas familiares y debates políticos y que adopta, pues, diez mil disfraces. Y después descubriré que ese ser granadino no tiene consistencia metafísica, y muchos menos genética, sino que se identifica sobre todo con un ser oligarca, con unos poderes locales minoritarios, potentes y permanentes hasta límites increíbles, hasta los límites de lograr que los efectos de su poder se confundan con una especie de ser uno y universal en los tiempos: el ser granadino. En casi todo el ser granadino es, en el fondo, la ideología de esos poderes perversos y reaccionarios.

De lo dicho se deduce que el texto que sigue no es nada inocente ni nada ingenuo y que, en última instancia, no tiene nada que ver con una ontología descriptiva. La ontología que aquí se hace es ante todo ideología, porque es un pensamiento interesado. Me gustaría no engañar ni engañarme. Voy a por el ser granadino en todo lo que ese ser granadino tiene de enemigo del progreso, de la libertad y de la igualdad de los seres humanos. Voy a desvelar que el ser granadino se ha identificado con un ser negativo o "negador", con un ser reaccionario que ha alienado a muchos seres individuales y colectivos. Esta ontología es ideología, en suma, porque es simplemente un conjunto de ideas que, a partir de unas experiencias personales, está interesada en desvelar las miserias de una historia, de una praxis individual y colectiva, que ha estado dominada por poderes reaccionarios.

La naturaleza ideológica de este escrito le niega, pues, cualquier vocación científica, aunque no su fuerza argumentativa o su razonabilidad. Desde luego que no pretendo hacer ni historia ni sociología de Granada. Son argumentos críticos y utópicos tomados de experiencias personales, que quieren servir a ese noble objetivo, que de verdad existe en el fondo de mi pluma o ordenador, de denuncia y de esperanza.

Todas las precisiones metodológicas que aquí se han hecho y esta misma confesión de que esta ontología es pura ideología me obligan a responderme sobre la especial importancia filosófica que doy al tema o al problema, o me obligan a responderme sobre esa especie de "obsesión filosófica" de hablar de "ontología" para hablar de los granadinos. Parece como si una realidad final tan miserable, como es la del "ser oligarca", no mereciera tratamiento teórico de tan alta pretensiones. Debo decir respecto a esa excesiva "trascendentalidad" teórica que la permanencia y consistencia del "ser oligarca" legitiman, con todas las limitaciones y precisiones que se quieran, hablar de "ontología del ser granadino". Además me parece que la importancia del problema (una tierra dominada por ideologías premodernas o casi feudales y que es además la última provincia en renta per capita) obliga a no hacer un mero tratamiento literario, histórico o sociológico, sino que exige trascender las apariencias, "lo fenoménico" (en sentido kantiano) e intentar decir algo más (desde luego no mejor, pero tampoco peor), que lo que se pueda decir desde otras ciencias o saberes.

## 5. El ser granadino no es uno

Me gustaría dejar bien clara una cosa: sea lo que sea el ser granadino (si es que es que es algo), hay una distinción ontológica que, a mi modesto entender, sería conveniente de hacer. Y es la distinción entre un "ser genérico" y un "ser específico".

El "ser genérico" hace referencia a una especie de "ser socializado" o "ser participado", que asumiría identidades parciales, virtudes y defectos concretos, que suelen abundar entre los granadinos en general. Se trataría de una especie de ser difuso, confuso y no bien determinado, del que los granadinos podrían declararse participantes en mayor o menor medida según casos, circunstancias y personas. El ser granadino sería algo así como un conjunto de formas de ser y de hacer, de pensar y de actuar, de prácticas morales, sociales, psicológicas, culturales y de todo tipo que suelen darse con frecuencia entre las gentes que viven o han vivido en esta ciudad. Es como una especie de "Weltanschauung" o "cosmovisión" de la que cada granadino toma algo, unos más y otros menos. No sé si esa cosmovisión, compuesta de pensamientos y sentimientos, de principios y creencias, de doctrinas y prácticas sobre la vida, se puede entender como una categoría elaborada desde una experiencia real e histórica, o a veces puede dar la impresión que es fruto de la imaginación o de una transferencia fallida hacia la objetividad de las propias formas de ser del autor de este texto. No lo sé y me hallo confuso en este tema, pero en cualquier caso –como he dicho más arriba– los lectores tienen la palabra para decidir si lo que aquí se dice de los granadinos ha existido o existe en bastantes granadinos como para poder hablar de un "ser granadino".

Ahora bien, hay un "ser específico" que aquí se desvela y se pretende denunciar como perverso, un ser oligarca que ha dominado vidas y haciendas, cultura y economía y que ha troquelado para su servicio a demasiadas gentes desde su inmisericorde prepotencia.

En lo que sigue hago, en primer lugar, un retrato del ser granadino en general, del "ser genérico" y digo de él cosas buenas y cosas malas. Debo adelantar que digo más cosas malas que buenas, relato más defectos que virtudes, al menos en mi opinión o desde lo que yo entiendo que son defectos y virtudes morales y sociales. Si digo demasiadas cosas negativas de las formas del ser granadino es, por supuesto, porque estoy convencido de ello, porque lo he leído en la historia de esta ciudad y lo he vivido en su presente. Pero también debo declarar que todo lo malo o negativo que tienen los granadinos nace de la dominación a que ese "ser oligarca" ha sometido y somete a los granadinos.

Debe quedar constancia de que no creo que el ser granadino sea malo pero sí que hay un ser granadino, dominante y dominador, que tiene secuestradas las mejores formas del ser granadino. En este escrito se cuenta que toda la "leyenda negra" que ha recaído sobre Granada y sus gentes ha sido consecuencia de la dominación que le aflige desde hace demasiados años. Pero el granadino no es mejor, pero tampoco peor que nadie.

Segunda parte

# EL RETRATO

## 6. El ser granadino entre la geografía y la biología

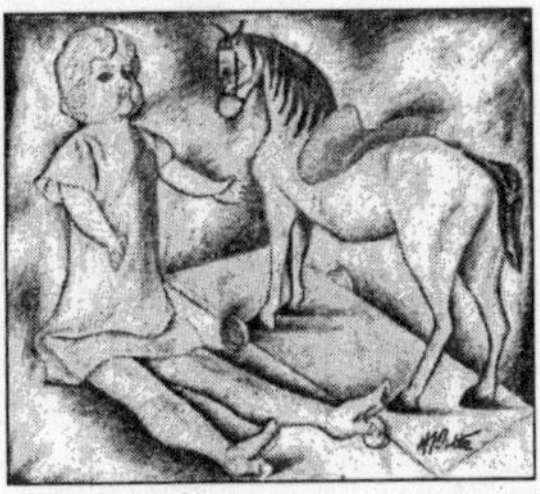

Pero ¿qué es "lo granadino"? Evidentemente lo granadino hace referencia a Granada. Pero ¿a qué Granada? ¿A la Granada ciudad o a la Granada provincia? Parece sensato afirmar que el ser no se puede determinar por causas administrativas. A pesar de todo algo habrá que decir sobre la posible "naturaleza administrativa" del ser granadino, esto es, de su "ubicación" geográfico-administrativa. ¿Granada-capital y/o Granada-provincia?

Aunque la ontología no entiende ni sabe de derecho administrativo, me parece que de acuerdo con los objetivos ideológicos de estas reflexiones, creo que el ser granadino debe predicarse sólo de las gentes que están relacionadas, luego veremos de qué forma o con qué intensidad, con Granada-capital. Esto puede ser muy "duro" para algunos que se verán excluidos de nuestro estudio (1), e incluso puede ser criticado por otros en razón del elitismo capitalino que aquí se asume.

Aunque sin duda toda esta disquisición es un tanto absurda, porque no es posible una "ontología administrativa" que distinga entre ciudad y provincia, hay dos o tres argumentos para fundamentar la opción capitalina.

El primero es que la provincia es en términos absolutos una creación administrativa y tiene sin duda menos historia que la ciudad de Granada para producir una cierta identidad colectiva. El segundo es que la ciudad como lugar organizado en muchos sentidos (social, político y económico) tiene más entidad y fuerza determinante. Sobre todo es un lugar más inmediato o cerrado para que sus fuerzas interiores determinen las formas de ser de los que la habitan. La provincia como entidad administrativa es un ente más disperso o tal vez demasiado diverso para producir ciertas homogeneidades ontológicas. Pero el tercer argumento, el más fuerte, es que la experiencia demuestra que la más alta concentración de algunas formas de ser, de pensar y de actuar, que han caracterizado (para bien o para mal) a Granada en general (ciudad y provincia) se dan en la ciudad de Granada. No se trata de inventar aquí una diferencia ontológica de "naturaleza administrativa": el ser capitalino y el ser provincial.

En consecuencia, aunque con cualquier opción en este sentido sería muy discutible, mantengo, para una mayor eficacia dialéctica de mis reflexiones, la tesis de que "granadino" se refiere ante todo a Granada-capital, si bien tal calificativo, con todas las consecuencias positivas y negativas que de él se derivaran, se puede atribuir de manera analógica o light a todos los que son de la provincia.

Se asume inicialmente una determinación geográfica para empezar a explicar qué es el ser granadino, esto es, se opta por un lugar, la ciudad, como referente decisivo para comprender los hechos de poder y de dominación que condicionan las formas de ser o la imagen de un pueblo. La ciudad se entiende como un territorio determinado y habitado, que genera una historia. Y la ciudad se entiende también como símbolo de unas tradiciones.

La cuestión que se está insinuando es que los seres humanos somos, en alguna medida, según el lugar que habitamos, un lugar con historia, con tradiciones y con poderes efectivos que imponen unos modelos de conductas. De todos modos, el referente geográfico inevitablemente tiene alguna virtualidad sobre algunos fenómenos estrictamente humanos. Desde otra perspectiva y con otras palabras, lo que estamos planteando es un problema especialmente viejo y complejo: la mediación del medio natural en la conformación de la personalidad individual y colectiva, el problema de las mutuas determinaciones posibles entre naturaleza e historia en la conformación de la personalidad humana. Esto es, se está planteando la cuestión de en qué medida la naturaleza como mundo circundante (Umwelt) puede ejercer alguna influencia sobre lo que somos, lo que pensamos y lo que hacemos.

Ahora bien, pienso que no se puede exagerar la determinación del entorno natural, como tampoco la historia y sus tradiciones, pero parece que no es absurdo ni irracional, además de que la experiencia puede decir mucho al respecto, afirmar que somos seres permeables al entorno físico, donde se ubican además tradiciones históricas de todo tipo. Cuando hablo de la influencia del "medio físico" no entiendo que la mera naturaleza por sí misma determine formas de ser o idiosincrasias de los pueblos. Sin duda que no se deben exagerar las posibles determinaciones del medio geográfico. Ni la Alhambra, ni Sierra Nevada ni la calle Elvira pueden explicar por qué los granadinos son así, pero esos "lugares" tienen algo que ver con las formas de ser de los granadinos. No exagero si digo que para tener malafollá hay que haber vivido y transitado muchas veces las calles y plazas de la ciudad de Granada. Las sensibilidades y las ideologías de los granadinos están delimitadas de alguna manera por las murallas de una ciudad, murallas que se caracterizan no sólo por su arte, sino por los poderes muy particulares que encierran.

Indudablemente el "nacer en" tiene una significación primera y poco relevante, si con "nacer" nos estamos refiriendo al simple hecho fisiológico del parto. Se puede decir, pues, que alguien "es de", porque "ha nacido en". Alguien "es de Granada", "es granadino", porque ha "nacido en Granada". La determinación del "nacer en" sobre el "ser" tiene sentido en tanto se sobreentiende que quien "nace en" vive donde nace. Ser de Granada simple y solamente por haber nacido en Granada es un dato biográfico no relevante a los efectos de esta ontología, pues no añade nada en principios, creencias y prácticas sociales. Por tanto, entiendo que una cosa es "ser de Granada" por "haber nacido en Granada" y otra cosa es "ser granadino" por "haberse hecho" en Granada, se haya o no se haya nacido aquí. Hay quienes nacieron en Granada y al poco tiempo se fueron de y no volvieron más a Granada. Hay quienes nacieron muy lejos y al poco tiempo y para siempre vivieron en Granada. Se puede decir "soy granadino, aunque no haya nacido en Granada", como también se puede afirmar que "no soy granadino, a pesar de haber nacido en Granada".

Todo esto quiere decir que el ser granadino no se construye con los ladrillos de la geografía. Ahora bien, sin exagerar, el ser granadino no se puede entender sin el referente de un topos concreto, la ciudad, una ciudad sin duda compuesta de una formas urbanísticas, de un paisaje, de un arte muy peculiar, como también habitada por unos espíritus y unos intereses ideológicos hegemónicos de especial catadura que se arrastran por las callejuelas de una ciudad, que se entiende así y ahora como realidad sistémica de relaciones, de dependencias muy fuertes..

La opción topográfica a efectos de determinar "lo granadino" lleva necesariamente a otro problema también especialmente complejo: el de si el ser es mera biología modestamente retocada por la libertad. Planteo, pues, una pregunta vulgar y común pero nada simple ni superflua: el granadino ¿nace o se hace? ¿qué pueden decir la biología y particularmente la genética sobre el ser granadino? Reconozco que esta problemática, que me desborda, aparece y reaparece a poco que se quiera estudiar la forma o formas de ser de un individuo o de una colectividad. En nuestro caso, el problema quedaría planteado en si el granadinismo tiene algo que ver con la genética o incluso si se puede heredar.

El hecho biológico del nacimiento y las estructuras básicas o genéticas de un ser individual y concreto juegan sin duda un papel importante. ¿Somos según nuestros genes? ¿Qué papel interpreta la biología dentro de la compleja sinfonía que es la vida humana?

La biología juega sin duda un papel importante en la conformación de la personalidad humana, pero poco definitivo se puede decir sobre el alcance de la libertad humana en orden a superar determinados condicionamientos biológicos.

El papel particular de la genética en la configuración de la personalidad humana, en la dinámica del ser que actúa desde la libertad, es sin duda complejo y un misterio sobre el que se pueden decir algunas cosas seguras, así como otras menos seguras y desde luego siguen faltando respuestas. El papel de la genética en la conformación del ser humano como ser libre no está definitivamente aclarado.

No puedo entrar a fondo en una problemática que me desborda, pero hay una experiencia común y elemental que me parece incontrovertible: la genética determina básicamente el funcionamiento de nuestros órganos de comprensión sensible e intelectual de la realidad. La genética hace a unos individuos concretos más sanos o más listos e incluso, con desgraciada frecuencia, reduce a otros a una subnormalidad relativa y a veces total. En casos muy extremos la biología lo explica todo, sobre todo las causas de un no-funcionamiento.

Parece razonable reconocer, pues, que el "ser" de las personas viene dado en alguna medida por su "ser natural", por su naturaleza, entendida ésta como su estructura básica o genética, que condiciona su fisiología material, esto es, su funcionamiento orgánico (físico o espiritual).

Pero ¿en qué medida la base genética ejerce también su influencia en o sobre las prácticas libres de los seres humanos? La dialéctica materia-espíritu no puede ser negada en este contexto. ¿Los males físicos configuran la personalidad? ¿Los males del espíritu dañan la fisiología? Se ha escrito sobre el romanticismo de los tuberculosos y el mal carácter de los enfermos de estómago. Se ha escrito sobre la influencia de las psicopatías sobre la fisiología del cuerpo. Sobre estas cuestiones hay muchos tópicos y pocas respuestas rigurosamente científicas. De todos modos no se puede desconocer la importancia del factor biológico en la configuración o en la constitución de la complejidad real del ser humano como ser libre, así como no hay inconveniente en admitir que, al menos, alguna influencia tienen la materia sobre el espíritu o el cuerpo sobre la psique.

La importancia de lo biológico, el "nacer de", como sucede con el "nacer en", suele ser bastante reconocida por los círculos más reaccionarios de la ciudad, que tienden a relacionar el ser granadino con la biología y apuestan por un cierto determinismo naturalista. Son las "familias" granadinas.

Desde esta perspectiva se habla de que hay "granadinos de toda la vida", que es algo así como nacer de granadinos eternos, de granadinos por miles de generaciones y vivir en el seno de familias granadinas también desde generaciones, por sangre y por historia. La ideología premoderna o casi feudal dominante en la ciudad suele afirmar el papel predominante de la genética. Lo granadino se hereda. No se puede ser granadino, se diría, siendo hijo de padres suecos, de suecos desde la eternidad. Están seguros de que un sueco desde la eternidad, que viva casi una eternidad en Granada, es decir, casi toda su vida, no podría llegar a pensar y hacer lo que hacen los granadinos auténticos, los que dicen representar las esencias granadinas. Al decir de algunos, el ser granadino es un gen que, sin duda, sufre mutaciones pero resiste al tiempo.

El ser granadino trata de afirmarse malévolamente a través de la genética, lo cual es al final como una suerte de racismo. El ser granadino quedaría como una cosa de sangre. Desde tal concepción genetista se afirma, pues, la importancia ontológica del "nacer de" y se minusvalora el "vivir en" y el "vivir con".

No entro a fondo en esta tesis absurda por radicalmente determinista. El sentido razonable que podría tener tal tesis sería entender el "nacer de" como el vivir en una determinada familia, esto es, bajo la influencia y la imposición rígida de principios, actitudes o talantes que se dan en el seno de unas determinadas familias. En este sentido se podría decir que generalmente los apellidos tradicionales o "ilustres" de Granada dan, ciertamente, unos altos niveles de "granadinismo", pero no por razón de la sangre, sino por razón de la cultura, esto es, de ese cultivo riguroso y rígido de ciertos modelos de vida y de moral que se dan en estos clanes familiares.

En resumen, no estoy de acuerdo con esta concepción genetista del ser granadino. No voy a negar que los genes algo dicen o pueden decir para bien y para mal sobre cómo somos en aspectos de la dinámica humana que se rige por la ley de la necesidad. Se puede afirmar que las patologías físicas se heredan, pero las patología morales, no. Se pueden intentar imponerlas, pero no se heredan y desde luego siempre pueden ser rechazadas o superadas. La concepción genetista del ser granadino no puede afirmarse, pues, como una explicación seria científicamente y desinteresada ideológicamente. Primeramente porque tendría que afrontar el contra-argumento de la historicidad del ser, del ser que se transforma desde la libertad. Y en segundo lugar, porque desde esa visión cerrada de lo humano, no se podría explicar el progreso en la historia de la humanidad. Frente al granadinismo de sangre, hay que decir que la libertad es más poderosa que la naturaleza.

Además ahí están los hechos. Hay gentes que no nacieron en Granada, pero que ejercen de granadinos con el más rancio estilo granadino. El ser granadino se adquiere. A los "genetistas" habría que decir que frecuentemente el arte supera a la naturaleza. Y también el ser granadino se puede perder, como sucede con esos granadinos que salieron fuera de Granada para trabajar y a los que ya no les queda ni la pronunciación granadina. El ser es transitivo: no nace, no permanece, sino que continuamente se transforma.

Mantengo, pues, la tesis de que el granadino no nace sino que se hace. La genética no hace granadinos. Podemos ser granadinos por nacer en familias granadinas, esto es, por vivir en el seno de familias granadinas, pero no por el hecho biológico de "nacer de" familias granadinas.

Ahora bien, ¿cómo se hace un granadino?, ¿cuánto tiempo hay que vivir en Granada para ser granadino? Sin duda los supuestos concretos que pueden darse en la combinación "nacer en" y "vivir en" (nacen y viven, viven pero no nacen, nacen pero no viven etc.) son muchos y todos, al final, expresan la relatividad del tiempo y de las circunstancias para medir valorar o calificar esta clase de procesos humanos. No tengo respuesta a estos interrogantes.

Pero veamos si es posible pintar un retrato del ser granadino que diga algo de ese "ser genérico" al que antes me refería.

## 7. A LA BÚSQUEDA DE LAS "ESENCIAS GRANADINAS"

El estudio del ser granadino tiene un momento crucial que coloca a los estudiosos en un disparadero. Y es cuando se trata de concretar, y de concretar argumentando, con detalle y rigor, las "esencias granadinas", las formas de pensar y de comportarse típicas de los granadinos, ésas que son tan repetitivas que pueden elevarse a la categoría de delatoras de que estamos en presencia del "ser granadino" en general.

Como vengo diciendo, pienso que no cabe hacer ciencia del ser. No se puede perder de vista la convicción de que las esencias no existen, de que son un invento escolástico. Hay que recordar la tesis kantiana de que de la experiencia no cabe sacar leyes morales universales. Por tanto de mi experiencia, menos todavía. Pero estoy convencido de que de las experiencias personales y de la historia vivida y leída se pueden obtener algunos resultados interesantes para construir ese imaginario de las llamadas "esencias granadinas".

En todo caso el intento de determinar "esencias" debe realizarse con enorme humildad y con el reconocimiento de la importante carga retórica que tales determinaciones suelen llevar consigo. Al final lo único que puede dar validez a una descripción de este tipo sería simplemente la constatación personal de que lo aquí se dice existe de alguna manera en la realidad. En otras palabras, no pretendo pontificar o sentar cátedra sobre el ser granadino.

Ahora bien, ¿cuál es el pensar o el hacer específico, que no original, de los granadinos?, ¿es posible determinar, sin ninguna pretensión dogmática, algunas formas permanentes, relativamente permanentes, de pensar y de hacer típicamente granadinas?, ¿cuáles son los pensamientos "granadinos" y los comportamientos "granadinos"?

En cualquier supuesto, debe dejarse sentado un principio obvio o elemental y es que todo lo que hacen y piensan los granadinos, lo pueden hacer y pensar otros muchos seres humanos. Así, por ejemplo, tener malafollá no es una forma de ser exclusiva del ser granadino. Hay malafollás en todo el mundo. Porque no se me diga que una lady victoriana, un ejemplar humano que sigue existiendo en las islas, es una "gracia" de la naturaleza y de la historia y no un buen ejemplo de la "british" malafollá. Lo que quiero decir, en suma, es que ese pensar y ese hacer típicamente "granadinos" no significan poseer exclusiva de nada.

Quizás la especificidad relativa del ser granadino pueda estar en que algunas formas de pensar y de hacer se concentran simultáneamente o con especial intensidad en los individuos que han vivido o viven en esta ciudad. También puede ser que en Granada haya más conciencia de esa concentración simultánea de unas formas de pensar y de hacer y que dicha conciencia ha llevado incluso a reflexionar, a escribir sobre ellas. Todo esto lo digo con muchas precauciones. Porque los granadinos no debemos considerarnos seres originales, aunque desde luego seamos algo raros. No hay que exagerar la especificidad del ser granadino. Por ello hablo de una "ontología débil".

No sé si el retrato que sigue a continuación, además de lo ya anticipado en páginas anteriores, responderá o no a la realidad. De todos modos no presento un retrato absolutamente inventado o que sea fruto de una simple imaginación, porque tiene algún fundamento "in re" y cualquiera puede constatar si lo que aquí se dice existe o no existe en el interior de las murallas de la ciudad de Granada.

Sin embargo, declaro que este tipo de retratos, como el que aquí se hace, constituye, más que un estudio sociológico o histórico, un recurso o una argucia dialéctica y retórica que quiere servir para luchar contra unas prácticas sociales inaceptables o para promover otras distintas y más razonables. Su verosimilitud sólo puede verificarse si se abren los ojos a la historia y al presente y se constata si algo o mucho de lo que aquí se dice ha existido o existe. Lo que no se puede hacer, en todo caso, es dogmatizar con este tipo de retratos de colectividades. No todos los granadinos son como aquí se describe. Así pues, asumo una perspectiva relativista, esto es, la posibilidad de que haya granadinos para todos los gustos. O todos podemos construir un ser granadino a la carta. Dicho todo esto, veamos cuáles son, en mi opinión, algunas constantes ontológicas granadinas, que se presentan con cierto fundamento, pero sin duda con indudable intencionalidad ideológica.

## 8. El ser granadino y la tierra: el ciprés, el agua y la distancia

Algunas metáforas y recursos literarios pueden servir para comenzar a decir algo de las "esencias granadinas", esto es, para comenzar a dar algunas pinceladas más sobre este retrato ontológico o esta simple caricatura.

Ya he hecho algunas referencias metodológicas sobre las relaciones entre ontología y geografía, pero debo confesar que voy a caer en la tentación de explicar cómo son los granadinos en relación al "medio". En el fondo debo confesar que a veces no sé bien por dónde tirar cuando se trata de decir algo más concreto sobre la influencia del "medio", de la tierra en la configuración de la personalidad humana. Aunque ya he afirmado que no creo ni en determinismos geográficos, ni en determinismos biológicos, la relación hombre-tierra es una de las cuestiones que me crea más dudas o perplejidades.

Sea lo que sea, o por lo que sea, creo que hay una serie de características del ser granadino que nacen de su relación con la tierra, con el paisaje que contempla y los caminos que pasea. Relacionar el ser con el lugar tiene el riesgo de empezar a creer que el ser es geografía. Pero creo, sin exagerar y con algo de imaginación de por medio, que no es aberrante mantener la tesis, con fuertes matizaciones, de que la naturaleza de Granada tiene algo que decir sobre el ser granadino, de los humanos que la disfrutan y la viven.

En términos generales, me parece razonable sostener que la compleja realidad del ser no se desarrolla ni se realiza de la misma manera en un lugar que en otro, entendiendo por lugar las circunstancias ambientales, geográficas, paisajísticas, climatológicas, de luminosidad, de estructura urbanística y de formas arquitectónicas de una ciudad. No se puede ser ni actuar lo mismo habiendo nacido y vivido siempre en Osaka que habiéndolo hecho en el Albayzín. Ya sé que hay japoneses que tocan la guitarra y que bailan flamenco y hasta torean. Pero siempre serán una prueba de que la libertad y la creatividad humana superan la naturaleza, aunque sea con grandes dificultades. En todo caso esos japoneses serán la excepción que confirma la regla. Y además, sin entrar en los detalles de la anécdota, no creo que esos japoneses que cantan flamenco o torean hayan aprendido tan nobles artes sin vivir un tiempo en Andalucía. Pero, de todas maneras, donde se ponga un granadino nacido y sobre todo vivido durante generaciones en el Realejo, no se puede poner nunca un japonés importado y dispuesto a aprender flamenco o ansioso de adquirir altas dosis de malafollá.

La tierra, a pesar de mis reticencias, constituye una parte importante del contexto determinante de los seres. Pienso, de la mano de mi buen amigo, el buen nacionalista escocés Neil MacCormick, que los seres humanos somos "contextuales". Creo que el ser abstracto no existe, o es una invención aristotélico-tomista. Sólo existe el ser concreto y circunstanciado. Nadie ha visto al hombre. Hemos visto a María Angustias, la buena compañera de Granada, a Enrico el italiano de Bologna, o a John el buen amigo de Oxford. La "contextualidad" de los seres humanos se hace de muchos círculos concéntricos que van desde la propia familia, pasando por el barrio, por la ciudad, por la región, por la nación y así hasta llegar a Europa o al mundo en general. Hay quienes niegan todo localismo ontológico y afirman una ciudadanía del mundo, propuesta que podría recordar el irrealizado sueño del internacionalismo proletario.

El caso es que el ser o vivir en un determinado sitio o lugar marca de alguna manera. La sensibilidad humana se forma en contacto con los colores y los sabores de su naturaleza circundante, y esa sensibilidad influye después a la hora de hacer o no hacer, o de hacer unas cosas y no otras. Sigo afirmando que no se puede aceptar un determinismo geográfico. Pero "vivir" (no el simple "vivir en") un determinado lugar, marca las formas de ser.

En cualquier caso el problema está ahí. ¿En qué medida los granadinos somos lo que somos por contemplar, con constancia y perseverancia, la Alhambra o Sierra Nevada desde la plaza de S.Nicolás, o por haber paseado por la plaza de Bib-Rambla o por haber disfrutado sin miedos las sombras de la calle Elvira? Se puede afirmar, con razón y desde la imaginación, que algo especial circula por las calles, por los ríos y por los monumentos de Granada. Desde siglos un cierto cincel de los espíritus emerge de las calles y paisajes de Granada y conforma de una manera especial a sus habitantes. No se puede ser granadino sin haber vivido sus aires y sus perfumes. El ser es el ser y su circunstancia. No se puede nacer fuera de Granada y vivir fuera de Granada y ser un granadino de pura cepa. El granadinismo no se trasplanta ni se exporta. El granadinismo no se aprende en los libros. No se puede ser granadino, habiendo nacido y vivido en Moscú. La naturaleza, en este sentido, condicionan la personalidad humana. Vivir una naturaleza, entendida como contextualidad geográfica, en sentido amplio, conforma estructuras importantes de un ser humano.

Vayamos hacia algunas pruebas razonables. Por ejemplo, es evidente que la ubicación simplemente geográfica determina el habla y el habla es una forma del ser. Parece que los fríos de Castilla llevan a destacar o a alargar las eses. Como la temperatura suavona, ni alta ni baja, de las Canarias da lugar a esa pronunciación dulce y tranquilona de los canarios. En Granada, los fríos y calores extremos, o la necesidad de tener que contemplar con intensidad espiritual paisajes excepcionales, hacen que el habla granadina sea despreocupada, poco interesada en acabar las pronunciaciones de todas letras.

El habla depende, pues, del lugar. Por esos los ingleses hablan inglés: porque viven en Inglaterra. Porque el "vivir en" y el "vivir con" hace el hablar. Del lugar son las formas y modos de hablar, las fonéticas o las lenguas. El hablar, en alguna medida, manifiesta una forma de ser. La pronunciación anuncia al ser, aunque no lo define definitivamente. Por el habla se empiezan a distinguir aspectos importantes de la personalidad. Así parece difícil tener malafollá pronunciando muchos las eses, esto es, siendo de Valladolid. Tan importante es el habla como manifestación del ser que, al menos en Granada, se llega a entender que cambiar la pronunciación granadina es en cierta medida una "traición ontológica". Un granadino hablando fino o muy fino, pronunciando las eses o las des, está sentenciado por los cenáculos del granadinismo más rancio a ser considerado como un "cursi" o un "traidor" o está en camino de ser declarado persona "non grata" o extranjero. Un granadino que pronuncia demasiados las "eses" es un cierto absurdo ontológico.

Pero ¿es que el habla, la pronunciación, es un determinante tan fuerte del ser granadino? Yo relativizaría el habla o la pronunciación, pero a Luis Rosales se le notaba que era granadino antes de leer su poesía y tan sólo por decir buenos días. Y si después se leía su poesía, para qué decir. Del ser habla el decir.

Así pues, en alguna medida sentimos y actuamos haciéndonos depender de las claves de una tierra y de un cielo circundantes. Ahora bien, la contextualidad geográfica expresa sus determinaciones de forma variada y caprichosa. Hay partes, elementos, cualidades muy particulares de una geografía circundante que condicionan a los sujetos, como sucede tal vez con los colores, concretamente con el color azul para los mediterráneos. Granada tiene su especificidad. La geografía granadina encierra —entre otros— tres elementos, tampoco especialmente importantes en sí, que han calado en la configuración del ser granadino. Hay unas dependencias ecológico-simbólicas que conviene relatar y que sirven de material para nuestro retrato. El granadino ama al ciprés. El granadino ama el agua. El granadino ama la distancia.

Una ontología débil descubre que el granadino ama el ciprés, se confunde con el ciprés. No se puede entender al granadino sin ciprés, sin la referencia heteroóntica del ciprés. Lo del ciprés es parte de un sentimiento ontológico, que es difícil de explicar. Porque es una mezcla de botánica, biología, psicología y ética. El ciprés es el árbol largo, lánguido y triste, el árbol resistente, que vive erguido, con una altura y una envergadura que nos sobrepasa. No quiere ser cada día distinto. Es distinto con los muchos años, pero no arriesga botánicamente. Luego se queda como es casi para siempre. No quiere ser cada día más grande y se estanca. Y desde luego no quiere ser florido. Es un árbol conservador, no agresivo, pasivo, tiene una belleza controlada, nunca estorba o nunca desdice en ningún paisaje. Apunta hacia el cielo y moviliza sus raíces en profundidad y extensión, allí donde nadie le ve. Es un árbol que puede ser abandonado y no le pasa nada. No se hace, como el granadino, muy dependiente de nada ni de nadie. Y tiene un sentido, no compartido por otros árboles, de lo trascendente, por ese mirar suyo hacia los cielos. El ciprés parece estar anunciando el más allá. Por ello lo ponen en los cementerios. El ciprés tiene la malafollá de estar diciéndole al granadino que tiene que morir. Serio, riguroso, apuntando hacia arriba y metido muy abajo en la tierra, no quiere complicaciones fisiológicas o vitales y se presenta ante los demás con una imagen erguida, sin flores ni frutos, que mira al cielo y a la muerte.

El ciprés es, pues, una parte del ser granadino. Sólo una parte, pero una parte. No obstante, el granadino no puede identificarse con el ciprés. Hay algo que el granadino detesta del ciprés: que no es amable por dentro. Y en esto el granadino no se identifica con este árbol, en el que si metes tus narices o tus manos entre sus extrañas ramitas encontrarás polvo acumulado y la nada. Tal vez el ciprés es sólo el granadino desde fuera. Pero nada más. Sin embargo, el interior del granadino no se parece al del ciprés. El granadino se parece más al carmen, la bella casa de fea entrada, con laberintos y pasillos que desilusionan al invitado deseoso de admirar sus encantos interiores y exteriores y le retrasan su llegada al jardín de los jazmines desde el que se ve el marco incomparable de la Alhambra. En el interior del granadino habitan bellezas de difícil acceso.

El granadino ama también y especialmente el agua. El agua le inspira sentimientos y sensibilidades especiales. El agua está para ser amada, para ser mimada. El agua es la música y la alegría del corazón. El agua es la vida. El agua no es para el granadino un producto mercantil. El agua no corre, por definición, para producir energía eléctrica, sino para cantar al caer de una fuente o para bajar alocada y alegre por las cuestas del Albayzín o de la Alhambra. El agua es para verla saltar, correr o jugar.

No hay ser granadino sin fuente ni estanque. Y cuando la mima para que sea algo más que fuente de belleza, la trata con especial cariño, la protege y la cubre y la descubre con extrañas acequias o secretos aljibes para que llegue a hacer verde una tierra, cuyo verdor es belleza o frescura que calma una tarde dura de agosto. La Vega de Granada es la belleza verde, no la tierra verde que produce. El ser granadino ama el agua como amante, no como reproductora. Y le molesta hacerla rentable. Le gusta sobre todo verla libre.

Pero el agua es también la seguridad de la existencia. El agua asegura una verde Vega, donde siempre encontrará algo para comer. El agua es un seguro de vida, porque la vida es agua. Por eso tiene especial cariño a la nieve. Ama a la nieve, porque la nieve es el agua encantada, la princesa dormida, dispuesta a despertarse y convertirse otra vez en agua que baja a fuentes escondidas por los dioses o a las acequias hechas por la mano del hombre. Porque ama y necesita el agua, ama especialmente Sierra Nevada. Las nieves son las aguas reservadas para los peores momentos.

El granadino no quiere el agua, sino la ama. Por eso la sequía da tristeza al ser granadino y la considera como casi una muerte anticipada. Frente a la tragedia de la sequía el granadino se hace disciplinado y solidario. Nadie que no sea granadino sabe cuánto da de sí un cubo de agua en unas manos granadinas que trabajan la tierra o que baldean un patio o una calle. El agua es la diosa pequeña y escasa de apariciones que el granadino adora en silencio. No ama el mar, la gran agua sin límites, sin calidad y salada. El granadino no es marítimo o marinero. Ama su agua pequeña que viene de la nevada sierra. Es como si el ser granadino, que es seco por dentro, homologándose sólo en parte al ciprés, quisiera mojarse, defenderse de tanta sequedad interior, de su inexpresividad sentimental.

Y ama la distancia. Granada no es una ciudad plana, como Sevilla. Está sobre y entre colinas y tiene como telón de fondo una montaña soberbia y seria. El ser granadino responde al terreno, a su ubicación en las alturas. Su espíritu responde a su condición geográfica. El hecho es que, si no me equivoco, el ser granadino ama la distancia y aprecia haber nacido en una ciudad encaramada. Su amor a la distancia le anima constantemente a subir a sus colinas. Va a la plaza de S.Nicolás. O sube a la Alhambra . O se da un buen paseo por el Camino de los Neveros. Pero la verdad es que no le gusta subir muy alto. El granadino es montañero, pero no alpinista. Es una especie de alpinista fracasado, reprimido o temeroso. Su espíritu conservador no le permite ser alpinista, que es un montañero arriesgado o aventurero. El granadino se queda simplemente en montañero. No sube demasiado, porque no quiere complicaciones. El subir mucho engendra complicaciones o crea riesgos.

La distancia que ama dice algo de su espíritu, un espíritu no dado a demasiadas relaciones sociales y siempre a la búsqueda de una discreta soledad. Normalmente tiende a alejarse de otras gentes. Odia las gentes peguntosas, las que hacen caricias y quieren intimar enseguida. Allá, en las alturas y en la distancia, no pueden estar muchos. En este sentido el granadino es, pues, distante.

El amor a la distancia le promueve un cierto talante filosófico. Porque filosofar no es otra cosa que mirar en la distancia o desde la distancia más allá de lo inmediato. Tal vez esto distinga al granadino del sevillano, que habita una tierra plana, que tiene los colores y los olores como pegados a la nariz y que se hace más entusiasta de los sentidos externos, de lo empírico y de lo inmediato. El sevillano no es "distante". Es cercano, porque no puede huir a las alturas que no tiene. Parece, al menos parece, más superficial o menos profundo. El ser granadino nunca es chato en el pensar, aunque tal vez lo sea en el hacer. Por distante se hace trascendente o trascendental. Ve más allá de lo inmediato, porque está encaramado en alguna altura. Por todo ello llega a considerarse más inteligente que los demás, como mínimo, de su contorno andaluz. Y como con frecuencia no ve claro lo que se avecina por el horizonte lejano, se hace además de trascendente un tanto pesimista.

Por fortuna para él la distancia tiene una cara positiva, o le permite saborear lo fantásticamente bello, la belleza grandiosa que no admite la mirada miope. Sus tres alturas queridas, entre otras, la Alhambra, el Albayzín y Sierra Nevada, le permiten ser un privilegiado. Porque lo bello exige con frecuencia la distancia. La belleza se saborea desde la distancia o la distancia posibilita el goce de la belleza.

La distancia y los elementos objetivamente bellos que le circundan, si es que cabe hablar de una belleza objetiva, le permiten al granadino embargarse de la soberbia de que Granada es bella, la bella. De aquí deriva quizás un raro carácter, netamente conservador: por principio no tiende a viajar mucho, aunque viaja porque su relativismo constitutivo le evita caer en una ceguera localista, que le encerraría entre las murallas de su ciudad. Pero en principio está convencido de que viajar es una aventura y un riesgo, que no merece la pena ser corrido cuando se tiene tantas bellezas cercanas. Los viajes son siempre un caminar a la búsqueda de una belleza tal vez mayor o mejor de la que cotidianamente vive o con la que convive.

Sin embargo, el granadino alberga serias dudas que haya algo más bello que la Alhambra. Tiene la convicción profunda de que la belleza está cerca, en su tierra, una tierra adornada de palacios, cipreses y nieves blancas. No le gustan las aventuras de los viajes y menos aun los viajes de aventuras. No quiere ser ni Marco Polo ni Colón. No tiene esperanzas de otro mundo nuevo y mejor.

En el fondo su no-ser-viajero es una forma más de un espíritu conservador. Se contenta con lo que tiene. Buscar la belleza, otra belleza, es muy complicado y el granadino no quiere muchas complicaciones. Precisamente porque es un ser enrevesado y difícil de entender y de entenderse no se le dan bien los viajes, que son siempre una aventura estética y económica. Y si viaja, al volver, se siente más feliz que cuando se fue, porque al final está convencido de que tampoco había tanto que ver, o de que lo que vio no era nada del otro mundo. "Pues, ¿sabes lo que te digo?: que como Granada no hay ná". Ni Florencia ni Salzburgo. Por eso los granadinos viajantes, viajantes por la cultura o por el dinero, no suelen ser bien vistos. Engendran críticas y una cierta envidia. Porque parecen que ponen en duda la belleza incuestionable de Granada. ¿Hay algo más maravilloso que ver la Alhambra desde la plaza de S.Nicolás?

El ciprés, el agua y la distancia podrían entenderse, pues, como factores expresivos de una personalidad, factores que no valoraría ahora ni como positivos ni como negativos, aunque son prueba simbólica de que los ecosistemas urbanos de ciudades excepcionales, como Granada, condicionan de alguna manera las formas del ser y del sentir.

No obstante, debo recuperar mi convicción más profunda de que esos condicionamientos geográficos o naturalistas no deben exagerarse.

Se puede ser castellano o catalán en Granada, a pesar de la Alhambra , de Sierra Nevada y de la calle Elvira. O se puede llegar a no ser nada, esto es, a no identificarse con ningún lugar. Hay sujetos que desde generaciones viven en Granada, empapados de Alhambra y de Sierra Nevada y que han conseguido, sin embargo, pasar inmaculados o vírgenes de las contaminaciones del ser granadino, esto es, sin que se les manifieste el síndrome del ciprés, el agua o la distancia. No todos los seres son igualmente permeables a esa especie de demiurgo flotante que nace mágicamente de las condiciones naturales e históricas de algunas ciudades.

Me contradigo y vuelvo a proclamar inmediatamente mi fe en el dogma antropológico de que el ser humano se hace. Es cierto que no todo el ser se hace. Sin embargo, me parece que lo realmente importante de la historia humana es "lo que se hace", la posibilidad de ser cambiantes, distintos, mejores o peores. Lo auténticamente humano es lo construido. "Lo construido" desde la libertad es lo que determina lo valioso y no valioso del ser, no su naturaleza ni las determinaciones mediambientales.

Sin creer que el ciprés, el agua o la distancia sean elementos ontológicos, no podía, quizás desde la perspectiva de un granadinismo inconfesado, ignorar la colaboración clandestina que el ciprés, el agua y la distancia como símbolos prestan para entender el espíritu hegemónico que domina y contamina, a veces para bien y otras para mal, a las gentes de esta ciudad.

## 9. En el principio era la negatividad: el pensamiento negativo

En el principio, era la negatividad. Este es uno de los primeros datos ontológicos que habría que tener en cuenta para entender a los granadinos. El retrato del ser granadino ha de construirse inicialmente desde sus negatividades. Lo negativo constituye un componente esencial en la dinámica del granadino, aunque este dato o valoración pueda doler a los granadinos. Curiosamente el mismo ser granadino suele autocomprenderse como ser que piensa y actúa desde la negatividad. El ser granadino pertenece inicialmente a la ontología del no, de afirmación anticipada de la desgracia, de la poca gracia, del llanto y del sollozo fácil, de la crítica porque sí.

Baste este dato. En los cenáculos de la ciudad decir "qué cosas más granaínas tienes" es una forma de hundir a alguien en el basurero de la negatividad. Y otras veces se dice "pareces de Granada" (no se tiene el valor de decir "eres de Granada") como para dar entender que se tiene malafollá y luego, es posible, otras cosas negativas. Ser granadino no es así, en principio, un piropo.

Sin embargo, no estoy de acuerdo en que la negatividad del ser que piensa y actúa en negativo tenga que reducirse siempre a la negatividad pura, a la negatividad que conduce a la nada. Hay una negatividad que se presenta como antítesis de lo real, y la antítesis tiene una vocación superadora, trascendente y, paradójicamente, creadora. La negatividad constitutiva del ser granadino no debe entenderse, pues, sólo como la pura negación de lo existente o como la impotencia, o como la falta de voluntad de apuntar hacia el deber-ser, hacia una realidad nueva y mejor. La olvidada Escuela de Frankfurt sostenía que una negatividad que destruye lo que pretende es dejar el terreno limpio para edificar nuevas y mejores realidades. La realidad es dialéctica y la dialéctica descubre la necesidad de una negatividad creadora.

En cualquier caso, al ser granadino hay que entenderlo desde una negatividad inicial o constitutiva. Desde esta perspectiva se pueden concretar algunas modos de su pensar y de su hacer, aunque estos modos que aquí se refieren no pueden generalizarse. No se puede decir que todos los granadinos piensan y actúan así, y mucho menos que todas esas formas de pensar y de actuar están concentradas en unas personas o personajes. Un granadino puro y duro que reuniera todas las señas ontológico-negativas que aquí se analizan sería un peligro ético y estético de alcance planetario. De todos modos siempre es posible encontrar algunas personas, yo diría personajes, que tienen una más alta concentración de "negatividad granadina". Pero son pocos y son conocidos.

Hablemos del pensar. Como anticipábamos, el pensar granadino es ante todo un pensamiento negativo. El granadino piensa inicialmente en negativo. Como los clichés de las fotos: en principio no se ve nada y luego ya veremos si se ve algo. Quizás los fundamentos ontológicos de la "malafollá" granadina se encuentren en este pensamiento negativo. Pensar en negativo consiste, ante todo, en decir no a la realidad y a los demás. El "no" es la cosificación inicial y comunicativa del pensamiento negativo. Se dice del granadino, del auténtico granadino, que la primera palabra que dice o pronuncia al nacer es la palabra "no". El pensamiento negativo, por supuesto, no es exclusivo de los granadinos auténticos, sino también de otros muchos individuos no granadinos, aunque de los ciudadanos de otras ciudades no se suele predicar tal pensamiento negativo como algo que les define.

El pensamiento negativo se identifica, aquí y en principio, con el pensamiento crítico y consecuentemente (tal vez paralelamente) con un pensamiento pesimista. En mi opinión, el granadino es ante todo crítico y también pesimista. Pero vayamos por partes. ¿Qué significa aquí ser crítico? La crítica es mostrar y demostrar el desacuerdo con lo que se ve y con lo que se experimenta de las cosas y de los sujetos. En este sentido el granadino es un ser sustancialmente en desacuerdo, en principio y mientras no se demuestre lo contrario, con la realidad. Tamaña negatividad original, o pecado original, obliga a preguntarse sobre el por qué de este desacuerdo constitutivo del granadino con la realidad. Sean las que sean sus causas, el hecho constatable es que el granadino lo primero que hace cuando se relaciona con algo o con alguien es un buscarle un "pero".

Seguramente hay una explicación. Lo que anida en el fondo de su ser es la convicción de que todo lo real, por muy maravilloso que sea, tiene algo de negativo, algo digno de ser rechazado, de no aceptable. Pero lo característico es que siempre se fija en primer lugar en lo que no está bien de alguien o de algo. Encuentra antes los defectos en las personas y en las cosas que sus virtudes o cualidades positivas. La inicial tendencia del granadino es no hacer alabanzas del vecino o del amigo, ni de sus pertenencias.

Sin embargo, estoy convencido de que ese pensamiento negativo tiene una etiología que no es simplemente psicológica, esto es, no puede entenderse como una patología psicológica particular. De todos modos resulta difícil explicar sus causas. Pero hay, a mi entender, alguna explicación plausible, aunque sin duda discutible. En principio, no se trata de una maldad constitutiva tendente a hacer daño, ni tampoco del efecto de cualquier clase de envidia. No creo que haya maldades constitutivas ni tampoco envidias de tan largo alcance. Yo creo que el pensamiento negativo tiene su origen en el pensamiento trascendente, de un pensamiento que va más allá de lo aparente y se hace consecuentemente relativista. Trascendentalismo-relativismo-escepticismo-negativismo constituyen una secuencia muy propia de la estructura profunda del ser granadino.

Pues bien esa negatividad constitutiva le lleva al granadino a una especie de necesidad permanente de "no fiarse" del otro, de no fiarse de la realidad en general, esto es, responde a una especie de convicción profunda de que no conviene "con-formarse" (estar de acuerdo con) con la realidad, de que no conviene aceptar de entrada como bueno al "otro" (los otros y las cosas). El granadino tiene como una especie de "miedo ontológico" a identificarse con "lo otro", porque teme ser defraudado o dañado. Sabe que "lo otro", sea lo que sea, no puede ser por definición perfecto. En consecuencia lo real, toda realidad, debe sufrir su rechazo inicial y luego pasará a estudiarlo o analizarlo detenidamente en el laboratorio de su conciencia y de sus preferencias morales, políticas o estéticas y, tras tal estudio y contraste, podrá llegar a una conclusión positiva.

Por los caminos de la negatividad uno se tropieza inevitable y desgraciadamente con la malafollá. No quería referirme en este escrito a la malafollá, pero su fueza identificadora de lo granadino supera todo lo imaginable. No hay ningún lugar en el mundo que haya engendrado una palabra tan extraña para identificar una forma de ser. Como tal característica o defecto, pues, sólo se dice de los granadinos y solamente en sentido analógico puede ser atribuida a otros habitantes del planeta. Pero ¿qué es la malafollá?

La malafollá representa, en principio, una forma teórico-práctica de esta constitución intrínsecamente negativa del pensar granadino. La malafollá representa un modo muy peculiar de criticar. Se trata de una crítica negativa, descalificadora que se caracteriza por su prontitud desconsiderada, por la poca gracia o delicadeza con la que se comunica, por la inmediatez inmotivada con que se descalifica algo o a alguien. Incluso cuando, después de pensar un poco más las cosas, se decide hacer un juicio final positivo, la fórmula que utiliza es un lacónico "no está mal". La malafollá se puede predicar también del hacer: hacer las cosas con malafolla es hacerlas pero sin gracia, con gesto amargado.

Lo grave de la malafollá es que no debe ser considerada como un defecto cualquiera, sino como un defecto ontológico. La malafollá hunde sus raíces en los estratos más profundos del ser granadino. No es pura fenomeneidad o apariencia, ni tampoco puede reducirse a un simple estilo en el decir. Evidentemente cada cual puede interpretar como quiera el sentido y alcance de tan extraño concepto. Y ya ha corrido mucha tinta en busca de su adecuada definición. Alguien podría decir que no sólo los granadinos, sino todo individuo puede desarrollar a lo largo de su historia unas altas dosis de actitudes críticas manifestadas a su vez con poca gracia. Según la gente se va haciendo menos joven o más vieja, va mostrando más desacuerdos con la realidad y llega a un momento casi próximo al final de la vida en que todo le parece o le sienta mal. Lo grave de la malafollá es que hunde sus raíces en los estratos más profundos del ser.

Personalmente entiendo que tal concepto o tal forma de comportamiento crítico tiene más gravedad de lo que en principio puede parecer. Porque tener malafollá no es sólo, aunque lo sea, tener poca gracia al decir o al hacer, defectos que se pueden atribuir a otros ciudadanos de otras ciudades. La malafollá es un defecto ontológico.

En principio hay un argumento que, en mi opinión, puede ser decisivo. La misma expresión "malafollá" parece referirse a un momento ontológico inicial, concretamente al momento inicial de la concepción del ser. Parece referirse a que el ser granadino, en general, no fue correctamente engendrado o, dicho de manera más discreta, no fue correctamente constituido. Lo "ontológicamente correcto" sería no tener una "malafollá" inicial.

Por lo que parece, aparece o se constata en la experiencia granadina, lo grave del granadino, es que la "malafollá" no es sólo, que lo puede ser también, una maldad adquirida por el transcurso de los años, sino que forma parte de su arquitectura ontológica. La "malafollá" adquiere así una naturaleza trascendental y se puede ser reconocida como seña de identidad.

Hasta etimológicamente ya se apunta algo. La "malafollá" quiere decir algo así como que se ha colocado mal la primera piedra del ser en el momento de la fecundación y, ahora, acabado el edificio, éste se resiente y no tiende a reaccionar en positivo. Por ello el granadino tiene conciencia de su mala constitución inicial que se manifiesta en un inicial desacuerdo y desencuentro con toda realidad por principio y llega a la convicción de que también el resto de las cosas y de los martales son imperfectos por definición. Se trata de un ser que pega coletazos en cuanto conecta con la realidad circundante. Tal característica no es fácil de eliminar de un ser granadino auténtico, de un granadino que nace y vive rodeado por un contexto social altamente contaminado de malafollá.

De todos modos no me parece correcto ubicar el tema de la "malafollá" dentro del ámbito de la genética, y si se habla así debe ser de modo simbólico. Ya he dicho algo sobre las relaciones entre genética e historia y no parece correcto buscar primariamente explicaciones genetistas cuando hablamos de prácticas humanas. Algunos llegan a afirmar que se nace con "malafollá". En cualquier caso, si alguien dijere que se nace con la "malafollá", yo añadiría de inmediato que las más altas dosis de "malafollá" provienen de la "constitución" histórica del ser granadino, no de su naturaleza. La malafollá es producto de una ontología cultural, esto es, una cultura enraizada en una determinada colectividad. Por ello la "malafollá", como cultura que es, se adquiere y no se hereda a través de los genes. La malafollá se mama, se aprende y se desprende de un contexto social determinado. La "malafollá" se hace. No es un producto natural, sino artificial y por tanto remediable. Se crea, se transforma y se destruye. Pero no puede olvidarse que el contexto social granadino suele ser muy cerrado y muy dominado por minorías poco "agraciadas" y no debe extrañar, por consiguiente, que tal característica negativa se expanda sobre todo por contagio en una ciudad, donde sin duda sería dificultoso que se valorara como positivo el ser simpático o campechano. Así pues, la malafollá se autoalimenta en la tierra y crece desde la tierra granadina.

Ahora bien, insisto en su historicidad. Estoy convencido que en esta cuestión se puede decir con motivo que a veces el arte supera a la naturaleza. La malafollá es sobre todo un carácter que se adquiere y se aprende. Por ello los que no han nacido ni vivido desde su infancia en Granada, los que no tienen antecedentes familiares granadinos, pueden incorporar este aspecto del pensamiento negativo, que es la malafollá, y pueden dar los mismos índices, o mejores índices, de "calidad" que aquellos que podrían ofrecer los que son granadinos desde generaciones (malafollá con denominación de origen). Cuando un no nacido y criado en Granada se pone a ser granadino, esto es, a tener malafollá, supera a veces todos los niveles ontológicos de pureza granadinista que podría dar una supuesta, que no admitida por mí, genética granadina. En estos casos se trata de gentes que vienen de fuera de Granada, de personas inteligentes y cultas (no olvidemos el carácter de clase del "ser granadino"), que asimilan muy selectivamente las esencias de ese pensamiento negativo para sobrevivir o destacar y hacen producen un concentrado de "malafollá" de la más alta calidad. Aquí aparece el factor ecológico. Porque el granadino de nacimiento y de familia, que nace con ese estigma encima o con ese complejo a cuestas de la malafollá, intenta, el pobre desgraciado, con frecuencia y no siempre con éxito, quitarse de encima tal estigma o complejo.

Ahora bien, la negatividad no se manifiesta solamente en la crítica (negativa), sino también en el pesimismo con que el granadino normalmente piensa la realidad. La secuencia crítica-relativismo-escepticismo-pesimismo no debe perderse de vista para entender al granadino. Ahora sólo apunto algo sobre su pesimismo que seguramente nace como con-secuencia de su crítica fuerte y radical sobre todo lo real. El pensamiento pesimista se alimenta de los argumentos que le proporciona una crítica profunda y nada superficial. El pesimismo granadino consiste ante todo en una desconfianza (falta de esperanza) sobre las cosas y las personas por causa de sus maldades o defectos, maldades o defectos que descubre desde su crítica radical, perfeccionista y, por tanto, negativa. Los peligros, las desgracias y los resultados poco felices son así el horizonte inicial del ser granadino.

Estamos, pues, ante un pensamiento que no tiende a darse demasiadas esperanzas sobre lo que la realidad puede proporcionar al sujeto pensante. El granadino piensa, en primer lugar en los peligros y en las dificultades. Cree que nada o casi nada merece la pena. Las esperanzas que se da a partir de la realidad son, en principio, las mínimas para vivir tranquilo y para no acumular demasiadas ilusiones que tal vez pudieran llevarle a la frustración. El pesimismo es sinónimo de desconfianza y desconfianza significa no esperar mucho, esperar poco o casi nada de la vida. De esta manera se cubre las espaldas o acepta resignadamente los malos resultados o las desgracias. Al granadino no le sorprende nada en negativo. "Si ya lo dije yo". Y si algo sale bien, pues miel sobre hojuelas. Pero su pesimismo llega a veces a ser un poco siniestro. Se da cuenta de que todo fluye demasiado deprisa, que todo acaba enseguida. El granadino siempre está mirando de reojo hacia la colina roja, allí donde está el cementerio con sus cipreses, allí donde reside la verdad y nada más que la verdad, la última verdad. Y no se recrea, y menos aun lo cuenta, en el jazmín, pequeño, dulce y oloroso, que está también a su vera dándole esperanzas de una vida agradable.

## 10. El pensamiento trascendente: muerte, humor y religión

Como ya se ha indicado, el pensamiento negativo no es, en el fondo, una patología psíquica, sino una forma del pensamiento trascendente con que suele trabajar el granadino al enfrentarse con la realidad. La negatividad de su pensamiento nace, pues, de la profundidad de sus análisis y de sus valoraciones. Por esencialista se convierte en un existencialista negativo. Al profundizar más allá de las apariencias, descubre la inconsistencia del ser en general y no le cuesta trabajo reconocer, si no le echa un poco de esperanza escatológica o religiosa, que el ser es para la nada o para la muerte, como sostiene el más rancio existencialismo europeo.

El granadino puede ser cualquier cosa menos superficial. No suele quedarse en las apariencias de las cosas, ni emite, por tanto, juicios positivos de entrada. Suele ser lento al enjuiciar cosas y personas. Le gusta escudriñar entre las entretelas de lo existente a la búsqueda de realidades más consistentes. Porque no es superficial, porque trasciende la inmediatez de las cosas, llega a veces a estratos de la realidad donde se puede descubrir la miseria del ser, de las historias humanas.

El pensamiento por trascendente se hace negativo, pero sobre todo se convierte así como en un arma letal para la humillación ontológica: todo ser puede ser criticado o denostado. Su sentido negativo-crítico, por trascendente, le suele llevar a la conclusión de que ningún ser merece alabanza incondicional. Todo puede ser inicialmente criticado y de esta manera seguramente se acierta al entender o valorar la realidad.

Precisamente la malafollá nace de esta manera profunda de ver las cosas. Siempre hay o es posible un "pero" que poner. Los análisis profundos y rigurosos de las cosas o de las personas seguramente dan casi siempre sobrados motivos para que la primera crítica, la crítica hecha a la primera, acierte. Así y en este contexto, la malafollá se puede definir como una crítica primera o a bote pronto que nunca falla, una crítica que se sabe que siempre acertará, ya que tiene la convicción de que un estudio posterior y más minucioso descubrirá seguramente algún fallo, defecto o vicio en las cosas o en las personas. Esa crítica, por su rapidez y prontitud, resulta especialmente molesta y desagradable, tiene poca "gracia", tiene malafollá.

De todos modos este pensamiento trascendente constituye también el motor de una importante sensibilidad ontológica. Si el granadino desconfía inicialmente de todo o de todos, es porque piensa que todo al final puede ser más importante, para bien o para mal, de lo que parece. En este sentido su desconfianza inicial o sus críticas preliminares son una prueba de que el granadino se toma las cosas en serio y de que se muestra muy respetuoso con todo y con todos. Todo es más complejo de lo que aparece y todo puede ser mejor, pero también peor, de lo que parece a primera vista.

El pensamiento trascendente de la realidad le hace especialmente sensible o susceptible. Tal sensibilidad y susceptibilidad le llevan a veces a hacer un drama de demasiadas cosas, relaciones, situaciones o problemas, que después resultan que son —en contradicción con su talante trascendente y negativo— relativamente más simples o menos dramáticas. En otras ontologías no tendrían trascendencia muchas cosas que se dicen y se hacen en Granada, pero esta sensibilidad (o desconfianza) ontológica acaba con frecuencia en una especie de trascendentalismo, o quizás de "tremendismo". En Granada cualquier cosa puede convertirse en un problema, en una cosa "tremenda". En Granada hacer una tortilla del Sacromonte no es cosa baladí, sino un trabajo importante, complejo, tremendo. Se tiene la convicción de que hacer las cosas bien (perfeccionismo) es siempre muy complicado.

Se tiene conciencia de que nada, al final, será perfecto. Si se profundiza un poco, por ejemplo, en la tortilla del Sacromonte seguramente se encontrará que o le falta un poco de sal o le han echado pocos sesos. Ello quiere decir que la mejor tortilla es, por definición, una mala tortilla. Por eso no todos la hacen o no todos se atreven a hacerla, aunque sepan hacerla.

Esta sensibilidad ontológica se transforma en una permanente actitud crítica y autocrítica que paraliza o angustia. El granadino sabe perfectamente que todos sus conciudadanos que le rodean son también trascendentes, sensibles, susceptibles y por tanto tendrán a mano siempre una crítica fácil o pronta. Todos "hurgan" o profundizan mucho sobre la realidad y por ello en Granada nadie se fía de nadie. Por eso se lo piensa mucho antes de hacer cualquier cosa, incluso una tortilla del Sacramonte.

Su pensamiento trascendente le hace, pues, especialmente desconfiado. Por principio tiende a distanciarse de la realidad para ver de qué va la cosa. Este distanciamiento para el conocimiento más riguroso le hace ser un sujeto desconfiado. Nunca está seguro de con quién se juega los cuartos. No se entrega fácilmente a nada ni a nadie, porque todo puede ser peor de lo que parece.

Tal desconfianza constitutiva o inicial le lleva a no ser muy expresivo en sus amores y desamores. No te echa la mano sobre el hombro ni gesticula con la alegría en el rostro. No encajan en su carácter las camaraderías sevillanas. El granadino suele ser callado y poco expresivo. Su sensibilidad más genuina no la vive hacia fuera. No es dado a entusiasmarse, aunque sienta o presienta que algo o alguien merece la pena. No es fácil sacarle a los granadinos el aplauso fácil o los gritos de admiración ante lo que puede ser importante, bueno o divertido.

Por otro lado ese pensamiento trascendente le hace también calculador, esto es, piensa con detenimiento las consecuencias importantes, positivas o negativas que algo o alguien puede tener para su vida. Es evidente que no todo es trascendente para el granadino, porque no es tonto sino todo lo contrario. Pero teme a lo nuevo y analiza con cuidado si todo lo nuevo, lo novedoso, lo que va a venir, puede tener consecuencias para su tranquilidad, para su existencia cotidiana o inmediata, o incluso para el núcleo más duro de su concepción vital-existencial. En este orden de cosas se presenta también como enormemente conservador. Teme a lo nuevo, porque no tiene seguridades de lo que viene. Si algo no existe, no pasa nada. Pero si algo se avecina o aparece de nuevo, hay que estar atentos. No suceden las cosas porque sí. Su espíritu negativo (crítico y pesimista) le hace recelar y temer a las cosas nuevas. De sus miedos ante lo nuevo, que todavía no conoce ni domina, nace su espíritu conservador.

De todos modos insisto en que una persona

inteligente, como es el granadino, no confunde el culo con las témporas. Tampoco es un ser absoluta y permanentemente obsesionado por lo trascendente, esto es, por los grandes valores de la existencia humana. Así el granadino mezcla su espíritu de la trascendencia con una cierta vocación por lo vulgar, con lo cotidiano e incluso con un especial sentido hedonista de las pequeñas cosas. Es otra paradoja curiosa. A pesar de su espíritu trascendente, gusta también de las pequeñas cosas, de los pequeños placeres. Tal vez el miedo a lo nuevo le lleva a refugiarse en las cosas pequeñas. Una buena tapa de aquí, el buen café de allá, la buena ensaladilla rusa de más acá son cosas intrascendentes, pero que en el granadino se vuelven especialmente "trascendentes" o importantes. A pesar de la trascendencia, no renuncia fácilmente a sus pequeñas cosas, aunque quizás en la defensa de ese pequeño mundo llegue muy lejos, a veces hasta el ridículo.

De la trascendencia a la seriedad. Este espíritu de trascendencia significa que tiende a tomarse, por lo general, la vida en serio. El granadino es ontológicamente serio. En los gestos. En las formas. En el fondo. La sobreabundancia de pensamiento trascendente es prueba de que se toma la vida en serio, sobre todo por dos poderosas razones que podrían ser consideradas metafísicas. La primera es que "esto" (la vida) siempre acaba mal, porque acaba con la muerte. Su espíritu trascendente le descubre pronto que estamos hechos para morir y por tanto "esto" (la vida) no se puede tomar a cachondeo, porque al final o dentro de nada está ahí la colina roja esperándonos y no sabemos qué vamos a encontrar más allá de ese viaje a las alturas de Granada. La segunda es que "esto" (la vida) puede acabar con algo más, con otra vida, y entonces hay que tener cuidado, prestar atención, es decir, tomarse esta vida en serio, vayamos a bromas y después nos encontremos con un juicio final y para siempre.

Lo que se acaba de decir explica que la muerte tenga un protagonismo en la constitución del ser granadino. Su seriedad existencial se expresa de manera especial en el tratamiento cuidadoso que da al tema de la muerte. Tiene una especial sensibilidad no simplemente al "hecho" de la muerte, sino ante el "tema" de la muerte, quizás como todos los seres humanos. Aunque "prima facie", la muerte es un hecho constitutivamente ontológico, el granadino coloca la muerte en un lugar preferente de su reflexión y de sus preocupaciones y sobre todo lo que le caracteriza es que no se enfrenta a ella tan tardía o esporádicamente como otros ciudadanos del mundo. No necesita de la enfermedad, de la edad avanzada, de una crisis existencial o de un mal momento para darle un protagonismo a la muerte. No se trata de una obsesión patológica, sino una peculiar y constante mirada de soslayo, o hacia delante, que le hace tomar frecuente conciencia de que todo "esto" (la vida) se va a acabar algún día.

De su seriedad emanan también unas actitudes y unas reacciones coloreadas de tristeza. En el fondo está convencido de que para el final que nos espera no merece la pena ponerse demasiado contento o como unas castañuelas. En cualquier caso ya indica algo del ser granadino que tenga una Virgen de las "Angustias". Tal nombre o nominación encaja dentro de esa ontología trágica de la vida. Así pues, no es de extrañar que tampoco tienda a ser simpático o dicharachero o que no participe de esa forma de ser abierto u optimista de otros andaluces, que siempre esperan lo mejor, que todo lo esperan del minuto siguiente y no del final de la existencia. El granadino alarga, sin querer, su rostro hasta el final y colorea su cara con los colores de los personajes del Greco.

Ahora bien, aquí aparece una de sus paradojas más curiosas: el granadino se hace, por la muerte, irónico y hasta dota a la vida, más veces de lo que se cree, de un sentido del humor, por supuesto, normalmente negro o macabro. No se trata aquí y ahora de relatar cómo el granadino hace chistes de la muerte y de los muertos. La idea de la muerte, esto es, la convicción de que todo es finito y termina, le lleva paradójicamente a no tomarse del todo la vida en serio, esto es, con cierto sentido del humor. Esta suele ser la otra cara de esa mirada trascendente sobre la realidad, sobre la vida. Para lo que nos espera, quizás convenga tomarse todo o casi todo con un poco de humor, aunque el granadino no deja de ser serio porque adopte una actitud irónica y hasta cachonda o porque se haga pasar por chistoso. Pero cree y practica ese humor, que sólo practican quienes saben de la seriedad de la vida, aquellos que saben que vivir es morir un poco. O uno se ríe y hace reír o uno se muere con anticipación ya en vida.

Se debe insistir en que el humor del granadino tiene, en todo caso, una indudable coherencia con su ontología. Es un humor negativo, un humor que además incorpora a su arsenal crítico. Se hace así no sólo crítico impenitente, sino también un crítico irónico y hasta satírico. Utiliza el humor como arma para la crítica o la polémica. La crítica granadina (crítica humorada o humor crítico) se adorna así de humor fino, de ironía, esto es, de una "burla fina y disimulada".

La mezcla de estos ingredientes (crítica, humor, ironía) se hace bastante explosiva porque suele llevar también el añadido de una adecuada dosis de mala leche. Así sus bromas o sus "gracias" suelen ser pesadas, caen mal y tienden a ridiculizar al adversario. Es humorísticamente vengativo. Se venga de las cosas y de las gentes con humor e ironía. Esa mezcla de crítica, humor, ironía y mala leche forman parte de los distintos materiales que constituyen la malafollá.

Precisamente una de las formas de la malafollá es ser gracioso con mala leche, irónico a destiempo o en criticar al adversario con la gracia inoportuna. El humor granadino puede ser divertido, y sin duda lo es, pero se caracteriza a veces porque escoge a sus adversarios como objeto de sus "gracias".

Este humor vengativo tiene otra explicación. Toma sus orígenes de esa profunda convicción e interés que tiene por distanciarse de la realidad, de los demás, porque no va con su carácter entregarse fácilmente a las cosas o a las gentes. El humor es la distancia que toman los inteligentes para no verse comprometidos o "cazados".

Desde el humor cabe el desencuentro. Como también, y por si acaso, desde el humor resulta posible el reencuentro.

Su sentido del humor nace, en definitiva, de un cierto descreimiento en la vida. No se fía de las trastadas que hace la vida, ni de que vayan a resolverse los grandes problemas del mundo. Por eso cuando los granadinos discuten de "cosas serias", suelen terminar muchas veces de cachondeo. Si los debates se hacen demasiado en serio, si todo se ponen muy serios, se puede llegar a conclusiones demasiado "trágicas". Por eso en un determinado momento los granadinos desvirtúan los debates o las polémicas con alguna "gracia" o, en otros casos, simplemente introducen la ironía para no hacer planteamientos demasiado trascendentales. A pesar de que los granadinos suelen ser bastante serios, un debate entre granadinos puede ser una dialéctica bañada de humor, un ejercicio a varias bandas de un humor belicoso que se salpica de ocurrencias que ridiculizan las personas o la realidad y en el que abundan las indirectas (nunca las "directas").

Un debate, una discusión entre granadinos resulta difícil de seguir por los no granadinos. El tema más trascendental puede terminar ahogado por risas empapadas de malafollá. Tales formas de debatir o discutir le aportan una peculiar ventaja. Desde el humor o la ironía todo puede ser bien interpretado o todo puede ser disculpado, cuando la discusión va a llegar, o ha llegado, demasiado lejos y se ha hecho demasiado agria. Desde estos plateamientos dialéctico-humorísticos siempre cabe retirarse a tiempo y terminar diciendo que "era una broma". Esta huida o escapada por los caminos de la broma se explica también por su espíritu especialmente negativista y escéptico. Si discutiera en serio (y no se le puede negar que es capaz de hacerlo), su sentido de la trascendencia y su rigor le llevarían demasiado lejos. El debate terminaría seguramente con un "apaga y vámonos". Y tampoco se trata de terminar siempre así.

## 11. El ser conservador: entre el relativismo y el orgullo.

El granadino es ontológicamente conservador. Su pensamiento trascendente y negativo explica, en principio, su carácter o su actitud predominantemente conservadora ante la vida en general.

El granadino piensa y ve lo negativo como lo constitutivo de la realidad y no suele tener esperanzas de que lo nuevo vaya a ser mejor. Su talante trascendente le permite anticipar que lo nuevo tendrá también sus defectos. Está continuamente criticando el presente, refunfuña mucho sobre todo o contra todo. Vistas las cosas así, no le merece la pena emprender demasiadas aventuras hacia lo nuevo. Como teme lo peor de lo que vendrá, porque es pesimista, no le resulta atractivo "progresar" o cambiar. Si su crítica se acompañara de la esperanza se rebelaría contra las maldades de lo existente. Pero el granadino está convencido de que, en el fondo o a fondo, las cosas no tienen arreglo y por pesimista, pues, no puede ser progresista y desde luego menos aun revolucionario. Además, como crítico incansable que se entretiene en ver los defectos de todo lo que hay, no le queda mucho tiempo ni tampoco ganas para construir algo nuevo o novedoso.

Su conservadurismo se manifiesta también en su falta de fe y esperanza en las grandes obras o en las grandes soluciones. Admite la "restauración" de la realidad, el arreglo del cuadro viejo, pero no tiende a comprar una obra de arte nueva. Está convencido de que siempre lo mejor es que nos quedemos como estamos. Aquí, en esta tierra, los progres son mirados como enfermos sociales. "A dónde irá éste", se comenta cuando alguien se lanza a alguna iniciativa demasiado ambiciosa. Las cosas hay que tomárselas con más tranquilidad, esto es, con "parsimonia", una palabra muy al uso en Granada, donde se dan a veces pasos hacia adelante, pero despacio, no más de uno de cuando en cuando. De todos modos no rechaza por principio lo nuevo, pero casi siempre trata de asegurarse de que a él lo nuevo no le vaya a producir sorpresas.

Sin embargo, el pensamiento negativo se hace a veces paradójicamente positivo, porque el granadino, curiosamente, es negativo, pero no es nihilista. Sabe que no es fácil de cambiar y es desconfiado de las cosas y las gentes y por ello se hace riguroso al tratar la realidad. De la negación a la imaginación: comienza con la negación y luego puede ir a la búsqueda de soluciones, a la que acompaña entonces de unas altas dosis de imaginación. Se puede afirmar, pues, que cuando el granadino se lanza a decir o hacer cosas positivas, las hace con el mismo rigor o la misma ambición con que su pensamiento negativo es capaz de destrozar las mejores obras o proyectos. Cuando decide superar la negatividad, después de darle muchas vueltas a las cosas, con una imaginación lenta, rigurosa y detallista, construye la Alhambra.

Este talante riguroso se alimenta primeramente de lo altamente exigente que es respecto de sí mismo. Es muy autoexigente. No quiere tener mala conciencia ni que le miren o le consideren mal. Teme mucho al "qué dirán". Buscar y realizar el "ideal" resulta muy difícil o imposible a veces. Pero da igual que se trata de grandes proyectos o de pequeñas faenas. Todos sus trabajos, en general, que se basan en un espíritu riguroso por trascendente, suelen ser muy pensados y detallistas. Muchas cosas será el granadino, pero desde luego no es frívolo, ni superficial. Hay mucha meticulosidad en su pensar y en su hacer. Es un perfeccionista. No está por lo nuevo ni se da fácilmente a la creación, pero cuando el granadino actúa lo hace desde el rigor y el refinamiento. La obra granadina no suele destacarse por su grandiosidad y si la hay es una grandiosidad acumulada, como puede ser la Alhambra, fruto de un trabajo centenario. El granadino tiende más bien al arabesco, al trabajo pequeño y casi de miniatura, compuesto de pequeñas complejidades que llevan a una obra rica que resultará difícil de ser criticada. Los techos de las salas alhambreñas, la poesía de García Lorca o la cajas de taracea expresan formas de este hacer miniaturista, pero sobre todo pensado, riguroso y parsimonioso. Son trabajos que exigen paciencia y precisión en el manejo de materiales o palabras.

En consecuencia el granadino tampoco es ni fugilla ni fullero. Es muy posible que haga poco o casi nada. Pero ser fuguilla, hacer las cosas deprisa y corriendo y seguramente mal, no corresponde con su forma de ser. El ser fuguilla (sujeto "de genio vivo, rápido en obras e impaciente en el obrar de los demás") no forma parte de la ontología granadina, que se relaciona más bien con el "ser un pelmazo" ("persona tarda en sus acciones").

Sin embargo, debo advertir que ser pelmazo, dentro de esta ontología granadina, tiene el otro sentido complementario que refiere el diccionario: persona pesada y reiterativa en el decir, que se hace molesta, cualidad que se corresponde también con el otro sentido, el de "cosa aplastada más de lo conveniente", que apunta el diccionario académico, aunque aquí el granadino sería ser el que aplasta, no el aplastado, esto es, sujeto que se hace pesado más de lo conveniente.

Su conservadurismo se explica también por su individualismo. Desde un individualismo, que es ajeno al trabajo solidario y participado, nunca cabe proponer cambios sociales importantes o promover el progreso histórico. Su individualismo no demanda colaboraciones para nada o, con una terminología más moderna, no propicia el trabajo en equipo. Su individualismo en el hacer y en el pensar nace de una clara desconfianza en la socialización de los esfuerzos individuales. Nace sobre todo de un cierto sentido del orgullo o de una desconfianza en los defectos del otro, cuyos fallos teme. Como cualquiera, soporta mal la crítica, pero menos aun soporta la crítica por errores ajenos. No es dado, pues, a grandes empresas colectivas. Porque es autocrítico y teme a la crítica, porque sabe del fuerte protagonismo que a su alrededor tiene el pensamiento negativo y crítico, manifestado además con poca gracia, no quiere correr el riesgo (es conservador) de verse sometido a un despellejamiento social. En consecuencia no hace nada, se queda como está, se dedica a la contemplación.

Ese mutuo respeto que se tienen los granadinos debe ser considerado como muy peculiar de esta tierra. Conoce bien la acerada crítica que se utiliza entre los suyos y sabe de la frecuente facilidad con que sus paisanos en general son capaces de destruir, con sus críticas, una obra o un proyecto. La malafollá ontológica anda siempre suelta y amenzante de manera implacable. Sucede, pues, que el granadino, cuando tiene delante de sí el reto del hacer o del qué hacer, se lo piensa más de dos veces, con lo cual suele terminar en no hacer nada.

De todos modos, tampoco es miedoso. Cuando, aunque sea tardíamente, medita y decide actuar, desde el rigor y la tranquilidad, no teme la crítica social, que puede contestar con igual o mayor dureza. Su orgullo le anima. pero ese miedo a la crítica o al simple ridículo que promueve la malafollá, le hace en principio conservador.

Su conservadurismo se debe también a que tiene en el fondo de su ser una alta dosis de inseguridad. Y esa inseguridad se explica a su vez por la alta dosis de relativismo con la que trata la realidad. Tiene la convicción de que las cosas son así, pero podrían ser de otra manera. Duda mucho y casi nunca está seguro. Le gustaría un mundo mejor, una ciudad mejor, pero teme que el esfuerzo por alcanzarlos no merezca la pena. No cree en modelos absolutos ni se entrega fácilmente a empresas colectivas de altos vuelos. No cree en los absolutos de nada. La prueba es que tiene la Alhambra muy cerca de él, a la vera de su camino y, sin embargo, jamás se le ve saltar de gozo o cantar de alegría por su Alhambra. Incluso no suele visitarla. Su relativismo, como su introversión ya aludida, hace por ejemplo que no haya dedicado mucha poesía o muchas canciones a su Alhambra. Por consiguiente, si la Alhambra, que es el Absoluto por definición para el granadino, es tratada con una fría y desconcertante serenidad, no ha de extrañar que el granadino no esté por entusiasmarse fácilmente por cambiar la realidad, amar el progreso y el cambio. La realidad ya está hecha. Ahí están la Alhambra y Sierra Nevada. ¿Para qué queremos más? Lo que venga tampoco va a ser nada del otro mundo o si acaso algo un poquito mejor. Así que no pasa nada por quedarnos como estamos.

Su relativismo le conduce también a una notable falta de expresividad para contar su interior, para comunicar sus imaginarios. No es dado a entusiasmos. Imagina o sueña un mundo mejor, pero no quiere contar sus sueños a nadie. En el fondo le gustaría ser más expresivo para defender sus propuestas de cambio que, aunque modestas, también las tiene. Su talante relativista, exigente y autoexigente le hace tímido.

Su conservadurismo tiene sobre todo una especial faceta que lo agrava: no pelea fácilmente por lo que cree ni contra lo que no cree. Su tendencia a lo cómodo, a lo fácil, a no molestarse en exceso por cambiar lo que le rodea es otra prueba de su conservadurismo. Por ejemplo, los males sociales que sufre su ciudad, Granada, casi nunca le producen reacciones fuertes. El ser granadino no vive intensamente los males sociales que le rodean y los tiene muy graves desde siglos. No se debe olvidar que el ser granadino se instituye principalmente a partir del ser de una oligarquía pre-moderna que sobrevuela toda Granada como el condicionante ontológico por antonomasia y que tiende a no animar los ánimos hacia la revolución, tiende a dejar siempre las cosas como estaban.

No reacciona con coraje, pero se lamenta. Los lamentos abundan. Se llora mucho en Granada. Se llora con mucha frecuencia por lo mal que van las cosas. Las lágrimas son a veces el fruto del lamento sin esperanza y a veces son las perlas de una indignación contenida e inoperante. Tal vez el granadino, más que llorón, sea un "quejica". No están bien vistas las lágrimas, pues denotan demasiada debilidad. Incluso las grandes llantinas, cercanas a la gran protesta, suelen ser consideradas como inútiles. Hay muchos lamentos y muchos llantos, pero al mismo tiempo y paradójicamente hay una dura dinámica social de descalificaciones del lamento y del llanto por Granada, cuya parálisis social le venga quizás porque se intenta siempre cortar pronto el lamento y el llanto. Se dice que llorar no sirve para nada. Se dice que no basta el llorar. El llorar debe ir seguido por el reír como expresión de la esperanza, de la propuesta ilusionada y positiva. El llorar sin alternativas no vale. Tal vez sea cierto.

Aunque el llorón o "quejica" granadino, transido de inutilidad, nace desde luego de un espíritu negativo, crítico y pesimista, la descalificación del llorar tiene también y sin duda un componente conservador. Se descalifica el llanto, porque se teme que el llanto acabe en rabieta o en revolución. Se niega el llanto porque se quieren negar los motivos del llanto, la responsabilidad de que hay motivos para llorar y que las cosas tendrían que cambiar para que no se llorara. Interesa al ser conservador descalificar el llanto que es muchas veces la reacción desesperada frente a lo insoportable, frente a lo que no tendría que existir. Es muy sutil en este punto el ser conservador. Asesina a toda reacción, aun la llorosa, que pueda amenazar con que las cosas tienen que cambiar.

Este conservadurismo se identifica también con un cierto grado de satisfacción ante lo existente. El granadino no busca nada nuevo, porque se encuentra bastante satisfecho. No necesita arriesgar. Está bien como está. Su terrible conservadurismo nace, pues, también de una cierta autocomplacencia. Me basta con lo que tengo, con mi Granada.

Este conservadurismo ontológico del granadino se manifiesta también en otra forma muy peculiar de ser, en ese afán y casi obsesión por guardar todo lo viejo, los restos de cosas que ya no sirven. No tira nada a la basura. Lo guarda todo. No hay una calle más granadina que la calle Elvira, una calle de anticuarios, cada vez más profesionales y, por tanto, más negociantes y por tanto menos granadinos. Pero antes, y todavía ahora, la calle Elvira encarnaba una de las esencias del ser granadino: la calle que guarda todo lo viejo e inservible. En sus diez mil tienduchas se almacenan miles de objetos antiguos, camas viejas y ningún Goya secreto. No eran cosas valiosas, sino más bien cosas inservibles. Pero antiguas, viejas, y eso ya vale. Conservar y no tirar nada a la basura. No hay que tirar nada, porque no se sabe lo que puede pasar y todo puede servir. El granadino ama lo viejo porque, aunque viejo, todavía es. Lo nuevo es como un niño. No se sabe cómo va a salir.

Ahora bien, este conservadurismo se extiende como una filosofía de la vida por muchos territorios de su existencia. No puedo hablar de todos ellos. Sin embargo, dado el objetivo de denuncia social de estas reflexiones, me parece especialmente interesante detenerme en dos territorios donde ser conservador tiene consecuencias graves para un orden social más justo. Me refiero al conservadurismo que se manifiesta en el campo de la economía y en su peculiar manera de entender la religión.

## 12. El ser económico

Su sentido trascendente y pesimista le hace ser también muy conservador en lo que se refiere a los asuntos económicos, concretamente en el manejo de dinero y en la producción de riqueza. El conservadurismo económico se manifiesta en dos tendencias o actitudes: no gastar ni arriesgar lo que se tiene.

El espíritu moderno, que creía en el trabajo del hombre para dominar y transformar la naturaleza para así procurarse el bienestar terreno e incluso la salvación eterna, parece que no entró en Granada. Aquí no se conoce un proceso de modernización económica, una revolución industrial. Aquí no se han creado grandes industrias, ni ha habido grandes empresas. Y dinero había y hay, pero a los ricos granadinos nunca les ha gustado arriesgar sus dineros, ni hacer grandes inversiones para producir fuentes de riqueza. Ni ahora ni hace ya casi siglos, cuando la industrialización fue un fenómeno de modernización y de desarrollo económico en toda Europa. Así no debe extrañar que en Granada no haya una tradición obrera. Hay muchos pobres, pero pocos obreros. Su desarrollo económico ha sido, pues, muy escaso. Pero lo malo no es que lo fue, sino que lo sigue siendo. Granada sufre la renta "per capita" más baja de España.

Estos datos se relacionan con la leyenda que dice que Granada es "la tierra del chavico". No gastan más allá de un chavico, la moneda que vale un octavo y que es de cobre. Al granadino le cuesta dar o gastar dinero. Incluso dicen que le cuesta sacar la cartera e invitar a los amigos. No hay generosidad ni riesgo en su concepción del dinero o de la propiedad y menos aun en su el uso. Alguien ha dicho que ese espíritu económico del granadino le viene de sus contactos con la cultura judía. Es posible. Lo que sí es cierto es que al granadino le cuesta trabajo "dar" económicamente, aspecto de su ser que se conecta con el mundo de sus sentimientos o afectos: el granadino ni da ni "se da".

Pero ¿en qué consiste ese ser económico granadino? La economía ocupa sin duda un lugar central en el paisaje ontológico del granadino. El ser granadino es económicamente muy conservador. No olvidemos su conservadurismo genérico. No mira el dinero, como el catalán, que lo mira para aumentarlo con inteligencia y riesgo. El ser granadino lo contempla y lo guarda por si acaso. Por eso tiene un especial espíritu de ahorro. Al granadino le gusta ahorrar o no le merece la pena gastar o arriesgar. No le gusta perder, como a todo el mundo, pero tampoco quiere ganar más si ello le supone arriesgar. ¿Y si lo pierdo todo? Así resulta que el que tiene, el rico, no suele invertir. Para el granadino lo mejor es la rentabilidad fija, aunque baja, por el procedimiento que sea. Hay un cierto patetismo ontológico en este espíritu económico-conservador, que responde a su filosofía pesimista de la historia expresada en un convencido "no merece la pena emprender nada".

El ahorrar, el no gastar es casi siempre fruto de su pesimismo y de su relativismo. No está seguro del éxito de la "inversión", ni está seguro tampoco de que lo invertido en algo merezca especialmente la pena. Tal economicismo conservador no responde, aunque pueda parecerlo, a una concepción materialista de la historia, sino más bien a que el granadino juega a no perder, porque no se fía de nada y no sabe lo que le puede deparar el futuro.

Con esta visión de la vida económica, no resulta extraño que entre sus objetivos no se encuentre eso que es común a otras gentes: el querer hacer fortuna. No ha sido el granadino un emigrante ambicioso al estilo de los gallegos o de los asturianos, que se han ido lejos, han arriesgado y han vuelto a veces muy ricos. Gallegos y asturianos han solido tener un espíritu aventurero o de riesgo que no ha sido normal entre los granadinos. Cuando el granadino ha emigrado ha sido por necesidad, no por ambición, no por la sana ambición de ser y tener. No emigra para buscar "fortuna". Emigra por lo contrario: porque es un "des-afortunado". En este sentido ha sido, pues, un emigrante corriente, esto es, simplemente un pobre obligado a emigrar por una absoluta necesidad.

Ahora bien, el ser económicamente conservador se identifica especialmente con las minorías sociales más poderosas económicamente. Solamente los ricos pueden ser ahorradores o conservadores con los dineros. Si las cosas son así, no debe extrañar que Granada tenga pocas esperanzas de desarrollo económico. El único desarrollo económico realmente importante que ha tenido le vino de la planificación económica estatal, de las inversiones públicas y de un turismo que es una fenómeno socioeconómico que nace del sol y de la nieve que animan a voluntades extranjeras.

El capital existe. Quienes tienen que invertir, son los ricos. Pero si los ricos granadinos son pocos y además poco dados a aventuras financieras o empresariales que pudieran dar lugar a un incremento (propio y ajeno) de la riqueza del lugar, ya se puede suponer cuál ha sido y es el futuro de Granada. Nadie se ha atrevido en esta tierra a cuantificar el capital paralizado o no productivo, que no ha querido arriesgarse. La pobreza de un pueblo no consiste sólo en que haya gente pobre, sino también en que haya ricos que no creen en la parábola de los talentos. El granadino es, pues, un ahorrador insolidario. No incrementa sus riquezas, si las que tienen le bastan para vivir bien. Esto es, no tiene un sentido social de la riqueza, como tampoco busca una buena imagen social por medio del dinero. Guarda el dinero porque piensa demasiado en el futuro.

De todas maneras, y en honor a la verdad, debe decirse que al ser granadino, a pesar de esta manera de ver las cosas económicas y de su legendaria adscripción al chavico, no se le puede o no se le debe acusar de materialista. Ser económico no quiere decir, dentro del reino de Granada, ser materialista. El ser granadino no es materialista. El hecho de que tenga una especial vinculación ontológica y afectiva con el arte, le aparta del pecado ontológico de un materialismo constituyente. Si realmente fuera materialista, sería sin duda más emprendedor, más empresario, invertiría para ganar dinero. Porque el materialista es el que ama la riqueza y se dedica con pasión a producirla o a aumentarla (la que se tiene). El materialista es el que está convencido de que su destino, en todos los sentidos, depende de las condiciones materiales de su existencia. Son, pues, dos cosas distintas ser económico y ser materialista. Precisamente porque en el fondo el granadino no es materialista y ama el dinero a su manera, no lo trata (al dinero) como el mismo dinero quiere, es decir, aumentándolo. Es muy despegado, en el fondo, del dinero, como lo es también de las personas y de otras cosas que no son el dinero, despegamiento que deriva de su pesimismo y de su desconfianza constitutivos.

Precisamente porque no es materialista, el granadino rico no se distingue por la ostentación o el gasto ostentoso o hacia la galería. No relaciona de manera prioritaria el dinero con el protagonismo social, sino más bien con la seguridad. Para el granadino tener dinero es ante todo una garantía de futuro. Su conservadurismo y su espíritu burgués le hacen estar siempre preocupado por asegurarse el futuro. Suele ser miedoso frente al futuro, lo cual es un síntoma de inteligencia. Tiene el miedo burgués y el miedo de los inteligentes. Pero el miedo engendra la necesidad de seguridad. O la inseguridad engendra el miedo. De aquí que tienda a conservar el dinero, a no gastarlo, a no invertirlo.

Además, el ser granadino tiene asimilado también el sentido clásico de lo que se entiende por lo económico: una especial relación entre costes y beneficios. Su ser económico se confunde con su ser calculador. Esta valoración del ser económico puede parecer algo extraña, pero deriva también de su concepción negativa y pesimista de la vida. No está seguro de que en ninguna "empresa" de la vida vaya a ganar. Por eso suele ser muy calculador a la hora de establecer la relación costes-beneficios. Traslada esta visión económica a la vida en general y así no hace nada sin calcular con rigor la jugada. Calcula mucho y juega poco. Y como los cálculos positivos o los beneficios nunca están garantizados, ahorra esfuerzos y medios por si acaso. No va de farol por la vida. Así no invita a una cerveza, o se hace el tonto para no invitar porque no está seguro de que le vaya a resultar positiva la relación entre coste (pagar la cerveza) y beneficio (devolución agradecida de algo). No es que le moleste gastar el dinero en otro, sino simplemente que como pesimista y relativista es también bastante escéptico en materia de amistad. No cree que le vayan a querer más o apreciar más por invitar y en consecuencia no le merece la pena invitar (coste-beneficio).

## 13. El ser religioso

Entramos en un terreno donde la ontología encuentra muchas dificultades para expresarse. Sin embargo, me parece razonable afirmar que un pensamiento trascendente, que no acepta que las cosas son como aparecen y que trata de indagar más allá de la experiencia inmediata de la existencia, lleva casi inexorablemente a plantearse el problema del más allá, esto es, a tomar postura teórica y práctica sobre si hay otra vida después de esta vida terrena. Esta vocación metahistórica y esta necesidad de buscar un referente escatológico ocupan un lugar preferente en la estructura del ser granadino y nacen tal vez de esa actitud existencial suya, especialmente trágica, que es tomarse la vida en serio. Los ateos también se toman la vida en serio, pero se la toman tan en serio que consideran que no es serio, por no ser científico, hablar de que esta vida se continúe con otra metahistórica o eterna.

En cualquier caso, el granadino gusta de las preguntas trascendentales sobre lo divino en general y lo religioso en particular y se monta su propia escatología. ¿Hay un más allá? El granadino conoce, a su manera, el argumento kantiano de que no se puede demostrar que Dios exista, pero tampoco se puede demostrar que no exista. ¿Qué hace el ser granadino ante la pregunta por lo trascendente-metahistórico? ¿Qué particular significado especial tiene la religiosidad en el ser granadino? Quizás ninguna. Pero tiene una manera muy peculiar de ver las cosas trascendentes-religiosas.

Su pensamiento negativo, que le lleva a dar una preferencia coloquial al tema de la muerte, le lleva también a no fiarse de que las cosas son como aparecen y a pensar que las cosas (la vida en general) pueden tener su "trastienda". Tal desconfianza ante la realidad hace que el espíritu religioso sea un modo de enfrentrar tantos recelos o incertidumbres ontológicas, lo cual es una manera de salvarse de la quema que puede producirse al final de los tiempos. El granadino no suele, en principio, tender al ateísmo y menos aún al ateísmo militante.

De todas maneras su ser religioso se relaciona también y mucho con su ser conservador. El ser religioso no se construye en el granadino sólo a partir de un sentido trascendente de la realidad, sino más bien desde ese espíritu conservador que nace de su relativismo y de su pesimismo. Lo religioso es para él, aunque no sea sólo eso, como un seguro de vida. Conviene creer por si acaso pasa algo o hay algo más allá de la colina roja, allí donde se hacen "jarras colorás". La religiosidad granadina parte de la convicción íntima de que esto es un valle de lágrimas o que la vida es una faena que nos toca enfrentar. Y siendo las cosas así, es mejor creer que se cree. Se puede vivir mejor y se arriesga menos.

Aunque religioso, el granadino no tiene nada de exaltado en su religiosidad. No puede ser un exaltado religioso porque es un relativista y tiene además una sentimentalidad reprimida y de escasa expresividad. El fenómeno religioso, que tiene sin duda fuertes vinculaciones con la sentimentalidad y la afectividad de los sujetos, queda bastante aguado en el caso del granadino. Su falta de expresividad esconde la religiosidad o la coloca en un segundo plano dentro de sus experiencias vitales. El granadino no es dado a hacer muestras espectaculares de cómo es o como siente la religión. Así pues, su religiosidad no suele tener muestras explosivas o espectaculares hacia fuera. Aquí también juega un cierto papel ese constitutivo temor que tiene al hacer el ridículo. Rezar en público, como bailar en público, no suele ser una afición preferente del ser granadino.

Así pues, su religiosidad tiene escasa relevancia pública. Organiza pocas manifestaciones religiosas públicas o populares, tiene poco folclore religioso, aunque algo hace en este sentido. Hay algunas "explosiones religiosas" pero siempre controladas y discretas si se las compara con otras que se dan en Andalucía. En Granada no se puede dar jamás, porque ello es ontológicamente imposible, esa unanimidad social explosiva y dicharachera que es la Semana Santa sevillana o el Rocío de Huelva.

Así hay que entender las fiestas religiosas (y no religiosas) del Corpus, de la Virgen de la Angustias o del Viernes Santo en el Campo del Príncipe. Estas festividades religiosas duran pocas horas. El Corpus es una misa y una procesión que van de las 10 de la mañana a las 2 de la tarde. Se reza y se canta, pero todo lo demás es laicidad. La Virgen de las Angustias es muy importante para muchos granadinos, pero su importancia está concentrada en una tarde de septiembre. El resto del año es sólo un goteo. Desde luego se valora mucho la devoción a la Virgen de las Angustias. No sienta bien que se esté en contra de esta devoción. Pero tampoco se hace de la devoción a la Virgen de las Angustias una bandera casi nacionalista ni un espectáculo, como el Rocío. Casi todos los granadinos quieren o respetan la Virgen de las Angustias, pero no se vuelven locos por festejarla en público o en las calles. Lo mismo sucede con los rezos ante el Cristo de los Favores en el Campo del Príncipe el viernes santo. En suma, sus fervores religiosos entusiastas duran pocas horas.

## 14. La praxis granadina: el hacer negativo

Sobre la relación ser-hacer, los clásicos escolásticos decían que el hacer sigue al ser. Los clásicos marxistas afirmaban que el ser es una forma de la práctica, del hacer. Las alternativas están servidas. O se hace como se es. O se es como se hace. No voy a entrar a posicionarme con detenimiento frente a este dilema o debate histórico, pero algo tengo que decir si se quiere entender mejor este retrato del ser granadino. En principio no creo que haya respuestas absolutas a esta disyuntiva. Hay más bien una relación dialéctica y trascendental entre el ser y el hacer. Por trascendental quiero decir que estamos en presencia de una relación tan compleja que no puede tener una comprensión única o definitiva. Lo trascendental escapa a las respuestas humanas. Y por dialéctica entiendo que se trata de una relación tensa, de una lucha en la que sólo caben éxitos parciales o victorias transitivas, pero nunca derrotas o victorias absolutas. Desde mi concepción dialéctica de la historia, admito la importancia de ambas partes de esta contradicción fundamental de la realidad humana.

En cualquier caso hay una pregunta que me resulta inevitable: ¿hay unos modos peculiares de ser para unos modos de hacer? En principio, creo que no es una insensatez filosófica afirmar que el ser granadino puede ser comprendido desde su hacer. El ser resulta de los depósitos cristalizados de unas prácticas repetidas. El ser, en gran medida, se constituye por los residuos del hacer. Hacemos y hacemos "así" y terminamos siendo de una determinada manera, "así". Nos resulta muy difícil o duro ser de otra manera, si llevamos una larga historia de hacer "así". Cuando se ha hecho "así" durante largo tiempo, es casi seguro que se será "así" y que ese "ser-así" llevará paralelamente, salvo cataclismos ontológicos, a seguir haciendo "así".

Parece, pues, razonable afirmar en nuestro caso que el ser granadino se ha fraguado históricamente por unas prácticas determinadas, aunque en este caso y desgraciadamente por unas prácticas enemistadas con la libertad y el progreso. El ser granadino está hecho además desde una historia no igualitaria que determina los habitantes de este territorio. No se puede olvidar que tanto el ser como el hacer de los granadinos es fruto de la dominación de una minoría.

No obstante, no debemos olvidar que tratamos de seres inteligentes y libres. Una historia mal hecha o un malhacer histórico no pueden determinar absolutamente o para siempre el ser de los granadinos. Precisamente la convicción de que los sujetos humanos son libres y sus determinaciones pueden ser superadas proporciona la esperanza de que la realidad no albergue formas eternas de ser. Hay que ir contra la idea o contra la leyenda negra interesadamente fomentada de "que los granadinos somos así y no podemos ser de otra manera". El ser puede cambiar el rumbo de su práctica y promover una práctica más coherente con el principio de una racionalidad liberadora y de una imaginación creativa capaces de conducir a un mundo mejor en el que la libertad y la igualdad sean valores encarnados en amplias mayorías sociales, en toda una ciudad.

Tal convicción sustenta la esperanza, como veremos, de que los granadinos pueden cambiar sustantivamente su ser y hacer una práctica radicalmente distinta y que no están condenados a ser como sus señores han querido que todos sean. Por eso somos humanos y no somos perales, porque un peral no puede decidir un día dejar de dar peras y dar manzanas. Los seres humanos, sin embargo, sí pueden hacer este trastoque ontológico en su ser básico y en su práctica. Existe la esperanza, pues, de que los granadinos dejen un día de actuar como granadinos.

Y quede constancia de esta convicción del autor: hay granadinos, hechos de una historia centenaria que les pesa sobre las espaldas de su existencia y que, sin embargo, no "actúan como granadinos". Desde esta ontología me interesa ahora destacar que el ser granadino, al contrario de lo que diría la vieja escolástica, no es universal ni eterno y no ha de tender inexorablemente a la pasividad.

Admitido que no hay una conexión necesaria entre el ser y el hacer, se puede sostener a continuación que, lamentablemente y por ahora, lo que caracteriza al granadino es su tendencia al no-hacer. El ser granadino mira y se mira, contempla y se autocontempla y se queda como extasiado. Otros humanos de otras ciudades se miran también, pero vuelven rápidamente a hacer cosas, a su "quehaceres". Lo que quiero decir, con otras palabras, es que el granadino por definición no es activo, no es ejecutivo, no es resolutivo. En principio y por principio, le da muchas vueltas a las cosas para hacer algo. El granadino se lo piensa mucho antes de hacer algo, sobre todo si es algo de envergadura. Además no suele tener vocación de hacer grandes cosas. No emprende fácilmente nada. Como he dicho más arriba, no tiene vocación de empresario. Curiosamente su industria más grande, en presupuesto y personas, es una "industria de pensamiento", la Universidad, una organización de trabajo y producción para estudiar, para pensar. Este dato particular de su ontología confirma la tesis de que al granadino le gusta más el pensar que el hacer. El ser granadino es por definición un "ser pensativo", no un "ser activo". Tiende a la contemplación, al ensimismamiento.

Esta tendencia al no-hacer se alimenta de su pensamiento crítico y autocrítico, esa parte importante de la estructura del pensamiento negativo que le constituye. Su actividad, o a mejor decir su inactividad, responde en general a su pensamiento crítico-negativo. Su no-hacer resulta, en última instancia, de ese pensamiento trascendental, que le lleva a ser muy exigente en todo. No es que no quiera hacer, sino que al ser muy meticuloso y autocrítico todo lo que sea actuar o decidir se le hace cuesta arriba. En el contexto de su duro negativismo teórico, no le es fácil lanzarse a la aventura de hacer cosas. Desde luego cuando hace algo, lo hace bien, muy bien, de maravilla. La Alhambra simboliza (¿quién la hizo?) el buen hacer granadino. El granadino vive además en medio de muchas maravillas puestas o presupuestas. Granada nació coronada. ¿Cómo puede hacer una Granada mejor? Es prácticamente imposible.

A pesar de tanta soberbia existencial, el granadino contempla su Granada y sabe que puede hacer "buenas obras". Tal vez haga algo y algo importante, pero siempre lo hará sin prisas, y puede ser que, al final, no haga nada. La historia del granadino es siempre lenta. Es la parsimonia granadina. El granadino no suele tener prisa. Tampoco se puede decir que no haga nada, pero lo que hace lo hace pensándolo mucho, con muchas dudas, con muchas precauciones, con mucha lentitud. El pelmazo, como lento en el hacer, es una forma práctica del ser granadino. Lo que sucede es que el "hacer" propio del granadino consiste precisamente en su pensar. Se caracteriza por repensarlo y repasarlo todo antes de actuar, darle muchas vueltas a las cosas desde una enorme escrupulosidad analítica y crítica, esto es, desde un pensar demasiado avocado a la nada, a la inacción.

La pasividad, la parsimonia, la dejadez, la falta de ganas, la ausencia de prisa son precisamente manifestaciones de ese pensamiento negativo. Ante la "realidad" que hay que transformar o ante la "riqueza" nueva que hay que producir, el ser granadino enseguida piensa que lo que se va hacer no va a servir para nada. Se parte de la convicción pesimista de que todo está dicho y hecho y no merece la pena lanzarse a esa dura tarea ("trabajera") que es actuar. El no hacer vale más que el hacer, porque el no hacer nunca se equivoca y es difícil de criticar. Solamente se puede criticar lo que es, lo hecho. Por eso el granadino prefiere quedarse como está a meterse en follones para que después lo critiquen y nada fundamental se haya transformado. Frente al activista o al emprendedor, tiene siempre dispuesta la crítica con malafollá, que siempre concluye con un "para ese viaje no se necesitan alforjas".

No es Granada ciudad para grandes proyectos o para grandes obras. Las grandes obras suelen ser fuertemente criticadas, porque se considera que la obra grande es imposible de acuerdo con el rigor, la exigencia o la meticulosidad de que hace gala el granadino para hacer cualquier cosa. La gran obra es anticipo de un cierto fracaso o de una cierta inutilidad. En coherencia con el pensamiento negativo, domina una ontología quietista, una especial actitud escéptica ante todos los grandes proyectos.

En el fondo de este no-hacer granadino hay mucho orgullo. El granadino es calladamente orgulloso. En su inactividad, como en sus silencios, se esconde una superioridad autodeclarada y no confesada públicamente. El granadino no farolea en público. Pero sabe superior y no está dispuesto a sufrir el castigo del fracaso. Sobre todo el granadino no quiere equivocarse, como todos, pero soporta mal las críticas, sobre todo las de los mismos granadinos, que suelen ser muy duras y despiadadas.

## 15. El ser oligarca

Y llegamos al fondo de este ensayo de una ontología débil. Se desvela el misterio, las dudas sobre el ser o no ser granadino.

La verdad y nada más que la verdad es que en Granada no ha existido una democracia ontológica. Ha existido, y todavía existe, la dictadura de un ser oligarca que ha querido representar las esencias de lo granadino, un ser oligarca que ha reinado soberbio sobre todo un territorio, sobre nativos y no nativos. Tenía poder, tenía dinero y sobre todo tenía miedo a que todo fuera distinto, a que todo fuera a cambiar. Por ello ha intentado desde siglos "clonizar" a todos los que vivían dentro de las murallas de su ciudad, ha intentado hacernos a su imagen y semejanza.

La tesis central de mi argumento ontológico

sobre Granada era —como decía al principio— que el ser granadino no existe, pero es como si existiera. Que no existe significa que no hay un ser universal del que participamos todos o que nos representa a todos. Pero vengo manteniendo el "como si existiera", esto es, considero al ser granadino como una especie de imaginario que revolotea por encima de Granada y la condiciona de una determinada manera o con unas determinadas características. El ser granadino es como una especie de demiurgo que determina el pensamiento y la práctica de muchos granadinos, como una especie de lluvia ácida que cae sobre territorio, tiempos y personas y contamina con demasiada facilidad y frecuencia a individuos concretos.

Se desvela así el misterio ontológico que encierra tan pretenciosa o misteriosa expresión llamada "ser granadino": el ser granadino no es sino el poder de unas minorías que determinan la historia de Granada por los cuatro costados, unos grupos sociales que transmiten o imponen sus formas de ser a los demás, unas élites que se impone sin razón y sin participación a los demás.

Así pues, debe quedar claro de una vez por todas: este ser granadino, en cuanto conjunto de males casi sin mezcla de bien alguno, no es sino la obra del ser oligarca que se impone. Sería injusto decir que todos los granadinos, o la mayoría de los granadinos, son y actúan como anteriormente se ha descrito.

Esta ontología débil quiere descubrir que lo que realmente existe es un ser oligarca y que el ser oligarca no son sino seres individuales que encarnan esas esencias granadinas (que tienen más de negativo que de positivo) con unos porcentajes muy altos de cantidad y de intensidad. El ser oligarca tiene unos nombres y unos apellidos que se repiten durante ya casi siglos. Son unos individuos concretos que, quizás por su misma prepotencia, llegan a superar los porcentajes medios de "ontologicidad granadina", que tienen un enorme poder económico, político, cultural e incluso moral y ha producido el efecto perverso de transmitir una imagen de Granada, como ciudad habitada por unos seres humanos con más defectos que virtudes, por unos ciudadanos negativos, reaccionarios, ensimismados y además con malafollá. La mala imagen existe, pero esa imagen no sería lo peor para Granada. Lo peor ha sido y es que esa imagen es fruto de la hegemonía de ese ser oligarca durante ya demasiado tiempo y que esa imagen refleja la realidad de un pueblo hundido, todavía a finales del siglo XX, en los últimos puestos de la pobreza del sur de Europa y con un lastre en su conciencia colectiva muy fuerte que le dificulta abrirse a la modernización y al progreso.

El ser granadino es, en última instancia, una minoría que ha hecho la realidad de Granada durante siglos. El ser granadino es la cosificación de unos pensamientos y de unos comportamientos sociales e individuales enormemente conservadores e incluso con bastante frecuencia reaccionarios. El ser granadino es la expresión teorética de unas prácticas sociales, impuestas centenariamente, y que han adquirido por ello tonos ontológicos, esto es, que hacen creer que toda Granada es así y que no puede dejar de serlo. El ser granadino no es otra cosa que un producto histórico, un tejido social resistente al progreso que ha sido impuesto por una oligarquía tan consistente como una Sierra Nevada imposible de desmontar.

Ahora bien, ¿es el ser oligarca una clase social? No me gustaría entrar por estos complicados vericuetos de las ciencias sociales. Desde luego no se trata de una clase social, según el viejo concepto marxista, porque tal oligarquía no está formada sólo por burgueses y capitalistas, aunque lo está y aunque desde luego sirve al mantenimiento de estructuras sociales y económicas capitalistas. Pero yo diría que se trata más bien de un grupo social diverso y diversificado, pero con funciones de control social muy fuertes, que se repite y tiene siglos de edad en mantener casi las mismas ideas y los mismos valores, aunque con lenguajes y vestimentas distintas, pues los tiempos no pasan en balde. No son muchos, pero son los mismos. No son más de 60 por decir un número. Una oligarquía que manda, determina, condiciona a casi todos. Una oligarquía variopinta. Son ricos rentistas y familias tradicionales en ocupar los poderes institucionales. Son también intelectuales, gentes de la cultura, del arte, de la literatura, del mundo jurídico, profesores universitarios, gentes de iglesia, terratenientes medianamente cultos, empresarios que no son rentistas, rentistas que no son empresarios, etc.

Todos ellos aportan un ladrillo ontológico a la construcción de ese ser granadino que, a la postre, termina siendo la representación simbólica o retórica de una clase dominante durante casi dos siglos. Es una oligarquía que frena, margina, anatematiza, que sólo de modo excepcional consiente hijos pródigos, progresistas o simpáticos. En cualquier caso es una oligarquía que marca fundamentalmente las rutas de la historia granadina.

Hablan de las "esencias granadinas" como sustancia de todos los granadinos que no debe perderse. Defienden a Parménides. El ser inmóvil es el ser verdadero y bueno. Su inmovilismo ético y estético les puede llevar muy lejos, a no consentir nada que se separe de las esencias medievales o feudales de Granada. No aman a Heráclito, ni a la dialéctica. No entienden el ser como devenir. No son existencialistas. Por eso hablan de las "esencias", de lo eternamente granadino que encarnan ellos y que vigilan y defienden con pasión irracional para que el río heracliteano no fluya, porque si todo fluye o todo cambia, entonces a "dónde vamos a llegar". Ellos marcan el ritmo y determinan el ser de los otros seres, de muchos que sin querer se van haciendo a imagen y semejanza de sus dioses o de sus señoritos.

El ser granadino es la representación de una oligarquía de una ciudad cuando se mira a sí misma y eleva a nivel ontológico lo que no es sino pura praxis negativa, dominadora y alienante. Pero su poder es tan grande que, al final, los "seres granadinos", los individuos concretos, el pueblo llano y sencillo termina contaminándose y tiene que presenciar el espectáculo de cómo circula su retrato que el ser oligarca, los mandamases de Granada ha hecho sin su voluntad.

Las cosas pueden llegar demasiado lejos y a

veces llegan. Así un fontanero puede terminar siendo un pequeño buda del granadinismo a escala de subdesarrollo e incluso puede tener hasta malafollá, aunque en principio mantendría la tesis de que el ser granadino no se puede predicar estrictamente de la clase obrera. Simplemente porque la clase obrera no tiene —desgraciadamente— protagonismo social y cultural. Su protago-nismo es si acaso residual, es el protagonismo de la protesta. El obrero sólo vende su única propiedad, que es el trabajo. No tiene poder para "ser". De los obreros no se dice que son granadinos. No hay una forma de ser granadino-obrero, entre otras cosas porque nadie se ocupa de los obreros con tanto interés y dedicación como para llegar a preocuparse por las "esencias obreras granadinas". Pero, por otra parte, pienso que el poder del ser oligarca ha sido tan grande que ha contaminado incluso a la clase obrera. Tanta dominación del ser oligarca se transforma en un inconsciente colectivo que se expresa en un "somos así" y que ya no distingue clases.

El ser granadino es la ontología de una mafia o una mafia tan fuerte que es ontológica.

## 16. Las dos Granadas

No existe, pues, el ser granadino como el ser uno, del cual participarían todos los granadinos. Por ello una ontología débil, que quiere ser por definición no universalista, no esencialista, tiene que atreverse a afirmar la diferencia y, en consecuencia, la esperanza.

Además hay una razón de fondo que toda ontología dialéctica debe manifestar. Si el ser no es uno ni unitario, sino polimórfico y polivalente, todo ser es contradictorio en sí. El ser es dialéctica. Todo ser está escindido. Es conflicto. Todo ser tiene la negación de sí en sí mismo para lo bueno y para lo malo, o como lleva también el germen de su propio desarrollo, de su progreso, de su caminar hacia la plenitud inacabada.

Esta escisión ontológica es la posibilidad de ser distinto, el fundamento de su derecho a ser diferente, de su derecho al cambio, de su derecho a la esperanza frente a la maldad ontológica que significaría el ser uno y definitivamente mal formado o mal hecho. Esta escisión del ser no es una invención teorética, sino una posibilidad ontológica perfectamente verificable.

De acuerdo con este argumento se puede afirmar que el ser granadino está dividido y no puede quedar reducido al ser oligarca. El ser granadino dominante tiene la escisión en sí, porque en definitiva se apoya en una realidad compleja, compuesta de individuos que tienen virtualidades y virtudes muy importantes, cuyos frutos (empresas, libros, obras de artes, etc.) también están ahí, en Granada, aunque no sean lo real dominante. Granada tiene también grandes sujetos y grandes obras. Los granadinos tienen sin duda (y aquí se han apuntado cosas) valores muy positivos para sí y para otros. Lo que sucede es que el ser oligarca, negativo y conservador, ha hecho de las suyas y además ha sido gravemente contagioso.

Así pues, quizás pueda hablarse de dos Granadas. O quizás de muchas Granadas. Granada no es única ni en sus formas y ni en sus sabores, ni en el árbol ni en el arte. Por ejemplo, el arte granadino ha dado muestras de la diversidad de "granadas" que puede pintarse o esculpirse. La "granada" no tiene una sola representación. Si observamos con detenimiento sus monumentos, sus casas solariegas, sus iglesias, sus conventos, sus portalones de piedra, los remates de columnatas, encontraremos diez mil "granadas". No hay una sola "granada" para representar a Granada. Así es y así puede ser también la realidad de Granada.

Una ontología dialéctica trata precisamente de convencer sobre la complejidad del ser y sobre todo trata de restablecer la esperanza, esto es, que la realidad puede ser distinta. Denuncia que el ser oligarca, que pretende representar las "esencias" de Granada, que corre de boca en boca y que aparece todos los días en sus periódicos de ayer y de hoy, no representa a toda la rica ontologicidad de lo granadino. Debe darse fe de que la ontología del ser granadino no termina en la descripción del ser oligarca.

Sería una grave injusticia para con estas tierras y para con las gentes que durante siglos las han habitado, reducir Granada y sus gentes a esa negativa descripción, solamente paliada con algo positivo, del ser granadino que se ha hecho más arriba. Porque las tierras de Granada son pisadas por muchos humanos que han luchado y luchan con ilusión, con espíritu positivo y creativo, con alegría. Hay un ser granadino que no mira siempre lo negativo de lo real. Hay un ser granadino que usa de un pensamiento imaginativo, creador y solidario. La realidad del ser granadino es más compleja, pues anida en sí, aunque acogotado por esa oligarquía ontológica, un poderío de esperanzas y de semillas de regeneración. Existe la antítesis granadina de ese granadinismo funesto del ser oligarca. Hay hombres y mujeres excepcionales, gentes ordinarias llenas de todo lo mejor de lo humano, que han hecho y hacen cosas extraordinarias y ordinarias, pero lo que único que necesitan es que se les quite (o quitarse) de encima la losa paralizante del ser oligarca. Este libro quiere denunciar al ser oligarca y promueve su desaparición. El ser granadino tiene futuro, aunque haya tenido una historia dominada principalmente por una oligarquía egoísta, cavernícola y miedosa de las libertades, oligarquía que ha favorecido a su vez la abulia y la desidia de los demás para mantener su hegemonía.

No me cabe duda que hay dos Granadas. Tal vez, muchas más. Ganivet y Lorca simbolizan tal vez, sin representación auténtica, muchas de las virtudes y defectos que esas dos "Granadas", la dominante y la emergente, parecen tener.

Ganivet no representa al ser oligarca, porque ningún individuo concreto lo puede representar. Pero la obra de Ganivet apunta muchos argumentos y muchos estilos éticos y políticos propios de ese ser conservador y premoderno, que comporta el ser oligarca. Su inteligencia y su cultura le impidieron ser una representación auténtica de todo lo peor del ser granadino. En la vida y en la obra de Ganivet se detectan contradicciones. Ganivet personifica algunas esencias de las Granada abierta. Mi tesis simbólica es que a Ganivet no le toleró la Granada abierta que llevaba dentro, esa que le hacía viajar, conocer otras culturas, leer autores nada reaccionarios. Tal vez Ganivet no se soportó a sí mismo. El ser granadino triste, misántropo, reaccionario, conservador, miedoso, localista y nacionalista de pobres tradiciones, ese ser no fue consentido por el ser granadino abierto, que sabía idiomas, que rompía las fronteras, que comprendía que el mundo siempre camina hacia adelante. Ganivet se suicidó, se mató.

En cambio Lorca era la internacionalidad imaginativa del ser granadino que debe ser, era el universalismo coronado de localismo lírico capaz de ser entendido también por los japoneses. Era la solidaridad y el espíritu laico que todo lo respeta. Cuando Granada se estaba abriendo a nuevos horizontes y una historia centenaria iba a ser enterrada de modo republicano, emergieron con enorme fiereza las fuerzas más irracionales del ser granadino oligarca. La Granada conservadora, enloquecida por sus miedos a la liberación y al riesgo histórico, no podía consentir aquel ser granadino que miraba al mismo tiempo a la Vega y a Nueva York. Lorca fue matado por la Granada cerrada que llevaba fuera.

Hasta ahora ha dominado el ser negativo. Pero hay un dramático encuentro, no siempre manifiesto, en los rincones más profundos del ser granadino entre el ser que niega y destruye y el ser que afirma y libera. Lamentablemente todavía no ha llegado la hora de la síntesis, en la que las energías positivas y creadoras del ser granadino (con su especial sentido trascendental de la historia) se afirmen. Granada todavía sigue, en gran medida, secuestrada por la malicia y el egoísmo de unos poderes alimentados de una historia centenaria de desigualdades económicas y culturales. Desgraciadamente no ha llegado la hora de los poderes creadores y liberadores, el momento histórico en que Granada deje de ser un lugar donde el espíritu progresista tiene pocas oportunidades.

No importa no ser tan graciosos como los sevillanos, ni tan imaginativos como un napolitano. Pero sin duda Granada necesita someterse a fuertes terapias. Debe pasar ya de la crítica externa, la que viene del centro, de Sevilla o de Madrid y que la acusan siempre de llorona y poco emprendedora, así como de la crítica que viene de la periferia norteña, soberbia y rica, que mira al granadino como pueblerino y económicamente limitado y encogido. Aunque nunca le vendrá mal que le zarandeen desde fuera, el ser granadino ha de ser al final el resultado de un ajuste de cuentas entre granadinos.

Nada está definitivamente hecho. El ser no es inmóvil. El ser granadino fluye. Pero el riesgo es que por estas tierras se soporta poco la tensión histórica y por principio se tiende a la quietud. Granada, tierra de terremotos, no ha cambiado, afortunadamente, por mor de la geología. Sigue igual. Tal vez haga falta el terremoto de la crítica y de la autocrítica, de una crítica y una autocrítica llenas de serenidad y profundidad, pero implacables e inmisericordes, que rompan las placas tectónicas de un ser anclado en una historia de penosas tradiciones. Hace falta un terremoto ontológico. Granada necesita convulsionarse ontológicamente. No basta el susto o la agitación de un terremoto ocasional. Hay que realizar una tarea de desmontaje mucho más constante y profunda. Granada tiene fuerzas dentro de sí para existir de otra manera. Su transformación hacia la positividad, el progreso y la creatividad liberadora tiene que venir desde sí misma sin renunciar a todas sus peculiaridades, algunas de las cuales otros pueblos u otras ciudades no las poseen.

Punto final: ha llegado, o debe llegar, el tiempo de la antítesis ontológica, el final del ser oligarca. Estos pensamientos se gestaron y estas páginas se imprimieron desde la profunda convicción de que sólo desde su mismo interior han de brotar las energías que le permitan a Granada inaugurar una nueva historia. Granada necesita que desde sí misma nazca su propia negación. Tal terapia es o será sin duda traumática, pero a la larga será positiva. El granadino tiene que destruir ese ser viejo y malvado que ha hundido a las gentes de esta tierra en los últimos lugares de la renta "per capita" y en los primeros de los índices del desempleo y de la emigración.

Y no se trata de renunciar al ciprés, ni de renegar de las tortillas de jazmines. Se trata de que sus gentes acaben democráticamente con el ser oligarca. Es necesario, pues, una catarsis ontológica colectiva. En eso estamos más de los que el ser oligarca piensa. Al menos eso es lo que creo y espero. Y a dicha catarsis ontológica pretende contribuir modestamente este ensayo de una ontología débil del ser granadino.